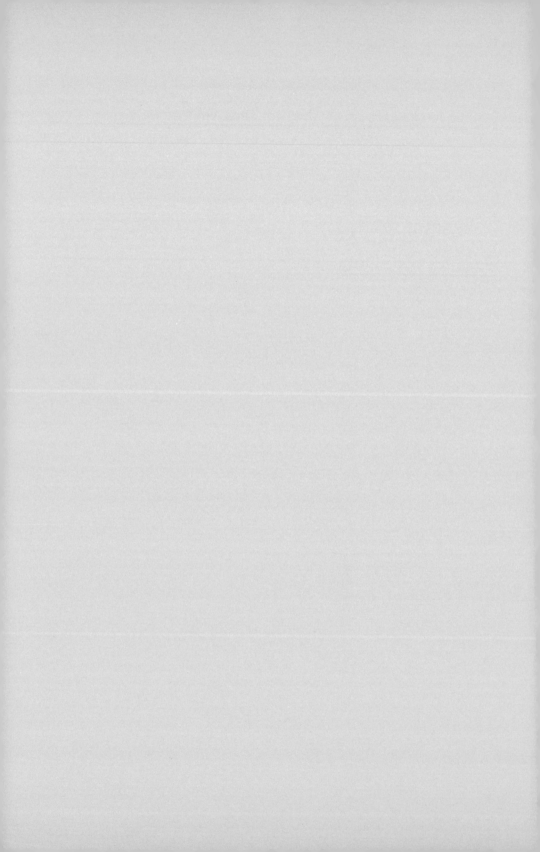

기자의 시작

이 사업은 한국언론진흥재단의 정부광고 수수료를 지원받아 실시됩니다.

기자의 시작

초 판 1쇄 2022년 11월 18일

지은이 (사)한국인터넷신문협회, 강지혜, 오현성
자 문 쿠키뉴스, 박승윤(뉴스핌 부사장), 이덕인(더팩트 기자)
펴낸이 류종렬

펴낸곳 미다스북스
총괄실장 명상완
책임편집 이다경
책임진행 김가영, 신은서, 임종익, 박유진

등록 2001년 3월 21일 제2001-000040호
주소 서울시 마포구 양화로 133 서교타워 711호
전화 02) 322-7802~3
팩스 02) 6007-1845
블로그 http://blog.naver.com/midasbooks
전자주소 midasbooks@hanmail.net
페이스북 https://www.facebook.com/midasbooks425
인스타그램 https://www.instagram.com/midasbooks

ISBN 979-11-6910-100-4 03300

값 **15,000원**

미다스북스는 다음세대에게 필요한 지혜와 교양을 생각합니다.

A GUIDE FOR JOURNALIST

기자의 시작

한국인터넷신문협회 예비 · 신입 기자 가이드북

(사)한국인터넷신문협회 강지혜 오현성 지음

미다스북스

머리말

기자는 사회의 파수꾼이다. 진실의 최전선에서 정의를 구현하는 수행자로서 임무를 하는 당사자가 기자이기에 소양이나 자질이 중요하다는 것은 당연한 이야기일지도 모르겠다.

하지만 현실의 상황은 녹록지 않은 듯하다. 신입 기자들은 기성 방식으로라도 이렇다 할 기본 선행교육을 받기 어려운 실정이다. 매체별로 신입 교육 과정이 천차만별이기 때문이다. 비효율적인 도제식 업무교육 방식도 신입 기자들에게는 난관 그 자체다. 주먹구구식으로 전수되는 취재 · 기사 작성 노하우는 한계를 드러냈고, 구태의 방식으로는 급변하는 미디어 환경에 발맞추기가 더욱 어려워졌다. 그나마 기본 교육을 거친 예비 · 신입 기자라고 하더라도 채 한 달, 길게는 3~4개월 정도의 과정이 전부인 수준이다. 그렇게 사수나 선배의 도제식 교육을 마친 후 기자는 현장으로 떠넘겨져 버린다.

더구나 뉴스 전파 매체가 지면에서 온라인으로, 기사의 형태는 텍스트에서 음성과 영상으로 급변하며 더는 기자의 역할을 획일적 기준으로 규정할 수 없게 됐다. 단순히 하나의 직군으로 기자를 설명하기에 어려움도 크다. 부서별 기자의 취재법이 상이하다는 근본적인 이유와 기자가 수행하는 고유 역할에 대한 중요성이 날로 확대되고 있기에 더욱 그렇다.

물론 현장을 직접 경험하며 스스로 성장해야만 하는 기자의 숙명을 부정할 생각은 없다. 이를 두고 '기자정신'이라 하지 않는가. 다만, 기자 지망생들이 직업에 대해 올바르게 이해할 수 있는 계기 마련이나 신입 기자들이 쉽게 살펴볼 수 있는 지침이 부족하다는 아쉬움의 토로가 주요 요지다.

그래서 우리는 본질적인 질문에 접근해보기로 했다. 기자란 과연 무엇인지, 이들은 어떤 일을 어떻게 해나가는지 그리고 기사를 작성하기 위한 기본적인 구조와 체크리스트를 늘어놓는 방식으로 말이다. 또 선배로서 후배 기자가 지켜야 할 법과 윤리의 기준과 같은 고리타분하고 엄격한 설교도 풀어놓을 작정이다. 이러한 내용을 담아 기자로서의 기초 실력을 다질 수 있도록 책을 집필했다. 도서 『기자의 시작』은 기자를 지망하는 예비 기자나 기사 작성이나 취재에 익숙하지 않은 신입 기자들을 위한 업무 가이드북으로 구성해 출간했다.

책의 첫 장은 예비 기자가 이해하고 준비해야 하는 기본적인 기자의 역할이나 언론사 운영 구조 등을 살펴보며 지망생 자신이 추구하는 기자의 모습을 그려볼 수 있도록 구성했다. 같은 기자라고 하더라도 소속되는 부서 역할에 따라 실질적인 업무방식이나 목적의식에서 다소의 차이를 겪을 수밖에 없다. 일례로 엄격한 기자단 규율이 우선시 되는 법조부 기자와 자유로운 단독 활동을 전개하는 문화부 기자의 취재방식이 다른 이치와 같다. 이에 책의 서두에서는 부서별 특징을 살펴보며 자신이 추구하는 기자 삶의 모습을 판단해보도록 마련했다.

이어지는 장에서는 본격적으로 취재 실무에 관해 논했다. 둘째 장은 취재·기사 작성 노하우를 쉽게 풀어냈다. 기사의 기본 속성부터 다양한 취재 기법, 유형별 기사 작성법 등 기사 쓰기의 기본기를 다지기 위한 내용을 소개했다. 실제 기사문을 통해 기사 작성 원칙을 습득할 수 있도록 했다. 더 나아가 인터뷰, 르포, 기획 기사 등의 작성 방법도 함께 소개하고 있다.

셋째 장은 기사 발제부터 취재, 기사 작성, 발행까지의 과정을 마인드맵으로 소개한다. 각 단계에서 꼭 알아둬야 하는 이론과 상식 등을 소개하여 신입 기자들이 실무에서도 쉽게 적용할 수 있도록 했다. 또 사례별 기사 작성 시 꼭 점검해야 할 사항도 함께 수록했다. 사건·사고 보도부터 선거, 재난, 성폭력 등과 관련한 보도 시 주의해야 할 내용에 대해 체크리스트로 정리해 소개하는 형식이다. 그 외 사진 및 영상 촬영 기법과 온라인상 기사 편집에 대한 내용도 함께 담았다.

마지막 장은 언론윤리헌장과 언론 역사를 통해 언론윤리의 중요성을 살펴보고 언론인이라면 지켜야 할 기본 윤리를 자세히 제시하고자 했다. 취재나 기사 작성 과정에서 발생할 수 있는 법적 분쟁은 무엇이며 분쟁 발생 시 어떤 과정으로 절차가 진행되는지 살펴본다. 언론 보도와 관련한 법률 조항을 통해 언론인이 지켜야 할 규범은 무엇인지 되짚어본다.

알랭 드 보통은 자신의 저서『뉴스의 시대』에서 "인류의 절반이 매일 뉴스에 넋이 나가 있다"라며 언론 영향력에 따른 기자의 역할과 책임을 강조하기도 했다. 우리는 매일 기자가 만들어낸 정보를 읽으며 사회를 이해한다. 그렇기에 기자는 반드시 저널리즘 의식과 탄탄한 기본기를 기반 삼아 전문직으로 거듭나야 한다. 기자를 준비하거나 초심자가 올바른 '기자정신'을 실현해나가기 위한 지침서로 이 책이 제 역할을 다하길 바란다.

강지혜, 오현성

목 차

1장 기자로 살아가기

2장 언론보도 기본기

3장 보도 실무 스킬업

4장 반드시 알아야 할 언론윤리와 언론법

A GUIDE FOR JOURNALIST

1장

기자로 살아가기

기자는 누구인가

기자가 되기 전 살펴야 할 사항들

기자를 지망하는 사람이라면 어렴풋이라도 동기를 불러일으키는 '롤모델' 한 명쯤은 품고 있을 것이다. 정의를 위해 사건·사고 현장을 뛰어다니는 열혈기자, 날카로운 자료조사로 팩트체크를 통해 가짜뉴스와 맞서는 취재기자. 현장의 이면을 폭로하는 탐사 보도팀 기자 등 기자가 된 자기 모습을 그리며 진로 준비에 박차를 가하고 있을지도 모른다.

그런데 단순히 기사를 작성하는 모습 정도로만 기자를 생각했다면 진지하게 다시 고민해볼 필요가 있다. 글쓰기에 소질이 있는 재능만으로는 본질적인 기자의 업무 수행이 어려울 수 있기 때문이다. 정해진 규정은 존재하지 않으나, 개인적인 소양과 추구해야 하는 가치가 부합해야 성공적인 기자의 삶을 살아갈 수 있다. 여기서 말하는 '소양'은 기자 개인의 성격, 도덕심, 의지와 같은 퍼스널리티이며 '추구해야 하는 가치'는 기자가 지켜야 할 직업적 지향점이라고 할 수 있다. 공통적인 소양으로 꼽히는 요인으로는 '친화력', '호기심', '탐구심'이다. 기본적으로 기삿거리가 되는 사건을 들여다보고 정보를 얻기 위해서는 취재를 위한 친화적 성격이 매우 중요하다.

최근 들어 청년 세대를 중심으로 타인과 대면을 어려워하는 문제를 가진 사람들이 늘고 있다. 심지어 전화 통화하는 일조차 불편하게 느끼는 경우까지 있다고 한다. 이런 경우, 자신의 노력으로 문제 상황을 극복해 낼 의지가 없다면 기자로서의 활동에 제약받을 수 있다. 합리적인 용무의 수준을 넘어 취재원이 전하고 싶은 본질적인 메시지나 감춰진 진실을 파헤치기 위해서는 원활한 커뮤니케이션 능력이 필요하기 때문이다. '친화력'은 가장 기본적인 기자의 능력이 된다.

자신의 성격이 외향적으로 활발하지 못하다고 해서 실망하기는 이르다. 기자로 성실히 업무 수행하며 성과를 거두는 사람 중에도 내성적인 사람이 많다. 이들 중 대부분은 취재를 위한 상황에서는 자신의 성격을 극복하고 기자로서의 자아를 발현시킬 수 있도록 열심히 훈련한 경우다.

'호기심' 역시 중요한 요인이다. 다양한 사건에 흥미를 느끼고 호기심을 가지기란 강제로 부여할 수 없는 고유한 개인의 성향이자 능력이다. 공개된 정보만을 나열하는 수준으로는 통찰력 있는 기사를 생산해낼 수 없다. 하나의 이슈에도 끊임없이 되묻는 호기심을 가져야 한다. 호기심 유발을 위해 자신이 관심을 가지는 분야에 대해 깊이 고민해보는 것도 좋다. 이는 기자의 직업을 가지게 되었을 때, 나의 강점으로 작용할 수 있기 때문에 더 능동적인 자세로 관심 대상을 찾아보길 바란다.

'탐구심'은 타고난 소양인 동시에 후천적인 노력의 요인이기도 하다. 호기심 수준에서 머무를 수 있는 사건에서 통찰력을 끌어내기 위해서는 반드시 무한한 탐구심이 필요하다. 미래학자인 폴 사포는 "기자적 탐구심과 판단력을 활용하여 불확실한 환경에서 명확한 결론을 찾는 힘이야말로 기자의 가치"라고 표현하기도 했다.

그렇다면 기자로서 직업의식을 가지고 추구해야 할 가치는 무엇일까. 직업적 가치를 발현하기 위해 준수해야 할 조건으로 '전문성', '객관성', '과감성', '기준설정'을 들 수 있다.

'전문성'은 기자 자신이 취재하려는 분야에 대한 전문적인 지식 · 교양 수준을 의미한다. 분야에 전문가로 거듭날 수준을 의미하지는 않는다. 다만, 취재거리가 되는 사건의 신뢰성을 판단할 수 있을 정도의 전문성

정도는 갖추어야 한다는 말이다. 그렇지 않다면 사실과 그렇지 않은 것들이 온통 뒤섞여 언론의 목적인 시민의 알 권리에 혼란을 일으키고 만다. 이는 곧 언론에 대한 불신으로 이어지기에 더욱 주의해야 하는 요인이다.

'객관성'은 중립적인 태도를 지켜야 하는 기자에게는 반드시 지켜야 하는 기준이다. 자칫 주관적인 의지가 기사에 깃들면 독자는 스스로 판단할 기회를 박탈당하게 된다. 만약 의견을 덧붙여야 한다고 해도 객관적인 서술 이후 부가적인 요소 정도로만 다루어져야 한다.

'과감성'은 독자에게 진실을 전하기 위한 기자의 덕목이다. 언론 보도에 외압이 있더라도 올바른 정보를 전달해야 하며, 은폐되어선 안 될 정보를 대중에게 알려야 한다. 힘을 가진 이들의 비행(非行)에 대하여 거리낌 없이 터뜨릴 수 있는 과감성을 지녀야 한다. 이러한 과감성이 없다면 대중은 결국 힘 있는 이들의 비행을 제대로 알지 못하게 될 것이며, 사회적 문제에 대한 대응을 정상적으로 할 수 없게 된다. 마지막으로 '기준설정'이 시민의 알 권리와 개인의 사적인 영역을 명확히 하는 일이다. 이것이 되지 않는다면 기자는 어느 누군가에겐 '기자'가 아닌, '생활을 파괴하는 이'가 되어버릴 것이다. 또 자신이 해야 하는 질문과 하지 않아야 하는 질문을 구분해야 한다.

글쓰기 능력은 이러한 준비가 완료되면 자연스럽게 성장하게 될 것이다. 무엇을 작성해야 하고, 어떻게 전해야 하며, 왜 전하고자 하는지가 명확해진 기사는 독자들에게도 감동을 선사할 수 있다. 특히 기사의 경우, 간결성과 객관성을 유지가 최우선으로 되어야 하기에, 규칙을 준수하며 기사 쓰기를 거듭한다면 금세 실력을 키워갈 수 있다.

기자 생활의 장·단점

기자는 타 직업에 비교해 큰 장점과 고질적인 단점을 가진 직업이다. 현장에서 멋지게 취재를 진행하는 모습만을 생각하고 뛰어들기에는 장단점의 간극이 매우 크다. 이는 개인의 성향과도 굉장히 밀접한 관계가 있다. 정의감이 투철한 사람이라고 해도 이러한 환경에 개인의 성향이 맞지 않아 중도에 기자 생활을 포기하는 때도 많다.

먼저 기자로서 가장 큰 장점으로는 이상적으로 추구하는 삶을 살아갈 수 있다는 점이다. 자신의 가치관에 부합하는 일을 직접 선택할 수 있으며, 사회적 리더로서 시민의식을 일깨울 수 있다. 이는 과거부터 기자를 지망하는 사람들이 꿈과 희망을 품었던 이유이기도 하다. 대한민국이 온전한 민주주의를 이룩할 수 있었던 배경 역시 치열한 현장의 이야기를 대중에게 온전히 전해 알린 기자가 존재했기에 가능했다. 물론 기자 생활에서의 어려움은 감수해야겠지만, 자신이 추구하는 삶을 주체적으로 살아갈 수 있다는 것이 기자직의 가장 큰 매력이다.

자유로운 업무 활동 역시도 주요한 장점이다. 일반적인 사무직이나 생산직이 정해진 시간 동안 성과를 달성해야 하는 직종에 비해 기자는 늘 창의적으로 생각하고 자유롭게 행동할 수 있다. 현장에 나서 스스로 취잿거리를 물색하는 한편, 진행하는 업무의 방향도 직접 참여하고 기획한다. 이를 위해 주어진 업무시간을 자유롭게 활용할 수 있는데, 취재원과 시간을 보내거나 자료조사를 하는 등 주도적인 태도로 일할 수 있다. 다만, 업무 내용이나 진행 계획에 대해서는 편집국이나 유관부서와 긴밀히 소통하고 공유해야 한다. 언론사는 그 어느 조직보다 자유롭지만, 철저한 보고가 우선되는 직종이다.

또 다양한 사람과 만나는 경험이 가능하고 새로운 환경에서 목적의식을 갖고 직접 개척해나가는 역량도 키울 수 있다. 자신이 궁금증을 가지는 분야에서 성공한 사람이나 유능한 사람과의 만남이 수월하고, 그들과의 대등한 위치에서 대화할 수 있다. 자신이 관심 가지는 분야에서 인맥이 늘어나면서 자연스레 인적 네트워크를 형성하게 된다. 이렇게 구축된 인간관계는 추후 취재나 자문의 대상으로 관계하기도 수월하고 직접적인 비즈니스에도 긍정적인 영향을 끼치게 된다. 이 과정에서 기자 자신의 성격이 바뀌는 경우도 많다.

반면에 단점도 명확하다. 현장에 나서면 아무리 신입이라 하더라도 엄연한 기자로 업무를 수행해내야만 한다. 기자로서 부여되는 지위는 그만큼의 부담감으로 작용하기 마련이다. 기자로서 능숙한 태도로 취재원과 대면해야 한다는 태도 역시 기자가 지향해야 하는 업무 태도이자 자기계발 부담이다.

기자는 언제나 긴장 상태를 유지하며 지낸다. 부서에 따라 긴장감과 부담감의 형태는 다를지는 모르지만, 절대 경감되지는 않는다. 정치부의 경우, 국회 개원이나 국정감사 시즌이 되면 해당 일정에 맞춰 일상을 바꾸고 집중해야 한다. 현장에서 벌어지는 사소한 말 한마디로 놓치지 않기 위해 늘 긴장의 끈을 놓을 수 없는 것이다. 사회부는 시위나 사건의 현장에서 위험을 감수하는 동시에 취잿거리를 발굴해내야 하고, 경제부는 사소한 숫자 하나까지 철저하게 검증한 뒤 기사를 작성해야 한다. 다소 즐거워 보이는 문화부 역시 마찬가지다. 문화부 기자의 글 한 줄이 공연이나 전시의 성공과 실패에 크게 작용하기 때문에 적당한 칭찬이나 막연한 비판을 늘어놓을 수 없다. 특히 문장력이 중요한 문화부의 경우에는 공연이나 영화의 순간을 잘 포착하여 감상을 풀어내야 한다는 압박감이 크다.

앞서 경우와 유사한 이야기일 수도 있겠으나, 기자의 경쟁력은 '전문성'에서 드러난다. 자신이 속한 분야에서는 최소 준전문가 수준 이상을 유지해야 한다. 취재하는 내용을 충분히 이해해야만 독자에게 쉽고 정확하게 기사를 제공할 수 있다. 내용을 혼동하거나 제대로 이해하지 못했을 경우 큰 문제가 발생하기도 한다. 가령 경제부 기자의 잘못된 해석으로 인해 비즈니스에 큰 타격을 입힐 수도 있고, 투자자에게 손실을 초래하게 할 수도 있다. 기자는 단순히 사건을 이해하는 수준을 넘어 향후의 상황까지 예측할 수 있는 수준에 도달해야 한다. 그래야만 기자 자신의 취재 방향까지 올바르게 설정할 수 있다.

기자들이 가장 큰 고통을 겪는 일은 바로 '아이템 발제'다. 매일 새로운 취잿거리를 찾아내야 한다는 강박감은 기자의 숙명과도 같다. 언론사는 매일 회의를 진행한다. 매체에 따라 다르지만, 보통 하루에 최소 1회부터 오전·오후 2회를 진행하는 경우가 대부분이다. 이는 시시각각 변하는 사회 이슈와 좋은 기사를 생산하기 위한 아이디어 발굴이 중요하기 때문이다. 이렇게 중요한 일을 기자는 매일 해내야 한다. 아이디어가 고갈되면 현장으로 나가 아이템을 발굴하거나 인맥을 동원해 취잿거리를 모색하기도 한다. 우스갯소리로 기자들은 서로를 두고 '하루살이'라며 실소하기도 한다. 방법은 다양하겠지만, 업무를 위해 매사 만성 강박적으로 사물을 조망해야 한다는 어려움이 있다.

기자가 되기 위한 여정

　기자라는 직업을 갖고 취재를 펼치기 위해서는 무엇보다 활동을 지원하는 주체인 언론사에 채용되어야 한다. 소속처는 직군에 따라 방송사나 언론사, 통신사를 비롯해 뉴미디어 매체에 이르기까지 업무 특성을 고려해 선택할 수 있다.

　기자로 채용되기 위해서는 대표적으로 채용시험에 응시하는 방법이 있다. 일련의 시험과 면접 과정을 통해 기자의 교양과 전문성을 입증하기 위함이다. 흔히 '언론고시'라고 불리는 이 과정은 공무원 채용시험이나 기업체 입사 시험, 혹은 전문자격 시험 중 가장 지식인으로서의 폭넓은 교양을 검증하는 시험이라고 봐도 과언이 아니다. 서류전형 단계에서부터 한국어능력자격 등급이나 공인영어시험 성적까지 평가 항목으로 삼는 경우도 많다.

　시험은 크게 필기시험과 면접으로 구분된다. 필기시험은 상식 등 종합교양을 판단할 수 있는 검정시험부터 문장력을 확인하기 위한 '작문 평가', 논증력을 테스트하기 위한 '논술'이 있다. 논술의 경우, 특이하게도 포괄적인 내용에 대한 지문을 제시하고 자유롭게 서술하는 방식으로 진행된다. 가령 "뉴스 이용자가 댓글을 읽으면서 여론에 대한 왜곡된 인식 그 자체보다는 거기서 파생하는 부수적 효과인, 다수의견으로 편승하려는 경향을 뜻하는 효과가 무엇이며, 영향은 무엇인가?"와 같은 넓은 관점의 질문들이 등장하고 있다. 자신의 의견을 서술에는 미디어 저널리즘 이론에 대한 이해가 필요하거나 사회문화 통찰력이 주요하게 작용한다. 이후 면접이나 AI인 · 적성테스트 등의 과정들이 이어진다.

과거에는 기자가 되기 위해서는 일명 '언론고시' 통과가 유일한 방법이었으나 최근에는 다양한 채용의 형태가 운영 중이다. 학생 신분으로 체험이 가능한 학생 기자 활동이나 인턴십 프로그램, 채용 연계형 인턴기자 프로그램 등 기자의 소양이나 능력을 평가하는 데 있어서 기자 체험과 활동성과 측정을 우선하는 경우가 잦아지는 추세다. 또한 미디어 전문성을 갖춘 인터넷 신문과 뉴미디어 매체들의 비중이 높아지면서 기자를 채용하는 데 기존의 방식을 타파하는 경우가 자연스럽게 늘고 있다.

보통 필기시험을 병행하는 수습 수습기자 코스와 인턴 후 기자 전환의 방식이 대표적이다. 필기시험 통과 후 수습기자로 활동하는 경우에는 통상 3개월 정도의 기간에 수습기자 생활을 하게 된다. 인턴의 경우, 회사마다 정한 인턴 시기 중 평가가 진행되며 인턴 기간이 종료되는 방식으로 진행된다.

전문 분야를 두고 기자 활동이 가능한 지원자의 경우에는 더 수월하게 기회를 얻을 수 있다. 근래 들어 의사 · 약사 출신의 의학 전문기자나, 소설가 · 시인 출신 문학 전문기자, 엔지니어 출신 과학 전문기자 등 전문성을 갖춘 기자들이 많이 등장하고 있는 이유가 여기 있다. 일정 수준 이상을 갖춘 전문가가 작성하는 기사의 질에 대한 기대가 높은 것은 어찌 보면 당연한 일이다.

신입의 경우, 타 분야에서 전문가로 취급될 정도의 이력을 얻기란 쉽지 않다. 하지만 좌절하기는 아직 이르다. 개인의 관심사와 이해도가 높은 분야가 있다면 이 역시 같은 맥락으로 평가받을 수 있다. 예를 들어, IT 프로그램에 대한 박식한 지식을 가지고 있거나 새로 출시된 서비스를 쉽게 이해하고 익숙해질 수 있는 사람이라면 산업부에서 활동하기 수월하다. 직접적인 성과를 거두지 않더라도 분야의 주요 커뮤니티 동정을 살피며 대중의 반응을 소개하는 것 역시 주요한 능력이 되기도 한다.

사전에 기자 소양 교육을 수강하는 것 역시 큰 도움이 된다. 한국언론 진흥재단이나 (사)한국인터넷신문협회에서 공식적으로 진행하는 교육 프로그램에 참여하면 자연스럽게 연관된 언론사로 취업할 수 있는 길이 열리기도 한다.

채용 이후 프로세스

신입 기자 그리고 교육

신입 기자로 채용된 이후에는 어떠한 과정을 거치게 될까. 회사에 따라 현장 체험 혹은 기사 작성 위주의 교육이 진행된다.

현장 체험의 경우, 배정된 부서의 출입처로 나가는 것이 일반적이다. 현장으로 배치하는 가장 큰 이유는 보도자료의 처리보다 현장에서 직접 듣고 느낀 점을 기사로 작성하는 법을 배우기 위함이다. 또 현장 투입 방식은 신입 기자가 기자실에 직접 출입하며, 현장의 분위기에 익숙해지라는 것이 주요 목적이다.

과거에는 보통 사회부에서 교육이 이뤄졌는데, 이 때문에 차장이나 국장급 선배 기자들의 "경찰서장 방문을 발로 차고 들어갔다."라는 우스갯소리를 듣는 경우가 많다. 실제로 사회부는 가장 많은 사건과 이슈가 발생하고, 유독 고생스러운 상황들에 처할 일이 잦아 체험에 적합한 부서이기도 하다.

총 석 달의 기간 중 간단한 내부 교육을 마친 뒤 사회부에서 두 달가량 활동하고, 마지막 한 달은 배정된 부서에서 취재를 이어간다. 기본적인 교육만 받고 현장으로 투입된 초년병이라고 하더라도 기자라는 타이틀을 가지고 나간 만큼 현장에서는 제 역할을 수행해야 한다.

그 이후 기자로 채용 여부가 확정되는데, 결정에는 회사와 지원자 모두의 이해관계가 고려된다. 회사는 기자로서 취재 활동이 가능한 역량을 갖추었는지 평가하고 검증해야 하는 한편, 지원자는 자신이 기자라는 직업에 적합한 사람인지 판단하고 결정해야 한다.

반대로 기사 작성 위주의 교육은 최근 많은 언론사에서 채택하는 교육 방식이다. 과거에는 기자가 출입처를 통해 알짜배기 정보를 수집하는 것이 주요 능력이었던 것에 반해, 현재는 방대한 정보를 서칭하고 정리하는 능력이 중요해졌기 때문이다.

이 경우에는 현장으로 나가기 위한 기획 능력을 기르는 데 목적을 두고 있다. 경험이 전혀 없는 상태로 현장에 배치되는 경우, 기본적인 업무 수행이 어려운 상황이 생기거나 돌발상황에 대처하지 못하는 문제도 발생할 수 있다. 자칫 현장에서 적응하지 못한 기자가 흥미를 잃고 기자로서의 진로를 포기하는 예도 있다. 그렇기에 실제 취재에 나서기 전에 철저한 사내교육을 마치고 내부 검증을 완료한 후에 취재에 투입하는 과정을 선택하는 것이다.

주로 이뤄지는 교육은 기본적인 기사 작성법과 아이템 발제에 대한 내용이다. 기자의 업무 루틴이 되는 소재 발굴과 마감 시간 준수 등의 일괄적인 업무에 익숙해지도록 과정을 구성한다. 온라인으로 정리 가능한 정보를 통해 일정한 수준의 기사 작성 능력을 갖추게 되면, 유무선을 활용한 취재 체험을 덧붙여 진행한다. 이후 현장에 나가서도 무사히 업무 수행이 가능하다고 여기는 수준이 되면 그제야 외부 취재가 허가된다. 현장에서 부딪히며 경험하라는 전자와는 사뭇 다른 경우다.

입사, 그 이후

기자가 된 이후에는 본인의 출입처에서 취재하거나 사무실에서 근무하는 등 자유롭게 업무가 가능하다. 앞선 과정으로 기자로서의 능력을 키워두었기에 가능한 일이다.

보통 2~3년 정도가 지나면 기존에 출입하던 출입처와 이별해야 하는 시기가 된다. 바로 부서 로테이션의 정기 인사가 시행되기 때문이다. 기자는 한 부서에서 계속 근무하지 않고 다양한 부서를 번갈아가며 취재를 진행한다. 이는 기자 개인의 능력을 성장을 위한 본질적 목적과 언론사 내부 사정이 작용한다. 회사에서는 기자가 퇴직하거나 이직하는 경우, 해당 업무를 충당하기 위해 인력적 여유가 있는 부서의 기자를 재배치하여 문제를 해결한다. 이런 경우, 선임 기자가 후임 기자에게 출입처를 소개해주고 기존 연락처를 모두 공유하는 등 인수인계 과정을 거친다.

업무나 취재 분야에서 특출난 성과를 보이는 기자는 오랜 기간 부서에 머물게 된다. 이렇게 연차를 쌓아가다 보면 '전문기자'로 활동을 이어가게 된다. 전문기자는 특정 분야에 관하여 자격 면허를 구비하거나 남다른 취재경력 또는 연구실적을 가진 자 중 원칙적으로 최소 5년 이상 경력을 쌓아온 기자가 임명된다.

통상 5~10년 정도 연차에 해당하며 분야에 깊은 안목과 식견을 갖춘 전문가로 평가받는 보직이다. 주로 문화, 종교, 음악, 예술, 환경, 게임, 스포츠 등 일반적인 수준 이상의 통찰력을 끌어낼 수 있는 분야가 해당된다. 전문기자는 각자 부서의 특성에 맞게 업무 루틴이 정해지기 마련이다. 예를 들어 스포츠나 게임 전문기자는 실제 경기를 관람하고 기사를 작성해야 하므로 대회 일정에 맞춰 업무 일정을 구성하게 된다.

이후 경력이 더 쌓이면 차장이나 국장으로 전환되는데, 이 경우 직접 기사를 생산하기보다 부서 기자들을 교육하거나 기사 검토하는 '데스킹'이 주요 업무가 된다. 회사마다 상이하지만 보통 국장 이상의 직급은 임원으로 분류된다. 그 외 업무 성격에 따라 선임기자, 논설위원 등으로 활동한다.

기자는 어떤 일을 하나

업무 분야와 소속으로 구분되는 기자

기자에 포함되는 직종으로는 크게 '방송기자', '신문기자', '잡지기자'로 구분된다. 업무 분야로 나누자면 '편집기자', '촬영기자', '사진·영상기자', '특파원'으로 나뉘고, 분야에 따라서 '법조부', '경제부', '연예부' 등 취재 분야에 따라 소속을 달리 판단하기도 한다. 나아가 특정 분야에 전문성을 갖춘 기자의 경우에는 '전문기자'라는 타이틀을 가지게 된다. 문화·예술, 스포츠, 의학 등의 분야에서 통찰력 있는 의견을 제시할 수 있는 수준이 되어야 한다.

통상적으로 대중이 생각하는 기자는 '취재기자'의 모습을 떠올리기가 쉽다. 하지만 현장에서 직접 취재를 진행하는 편집기자와는 달리 데스크에서 문장을 교정하고 제목을 선정하는 등의 업무를 담당하는 '편집기자'들도 매우 주요하게 활동하는 직종이다. 언론사에서는 편집기자를 별도로 채용하거나 데스크의 관리를 맡은 국장이 업무를 수행한다. 나아가 오탈자와 사실관계 확인을 담당하는 교열 기자도 업무도 존재한다. 취재기사가 송고된 이후에 작업을 진행할 수 있으므로 마감 시간에 민감하므로 시간 관리에 늘 주의해야 한다. 기사의 수준과 질을 높이는 업무가 바로 교정 교열의 단계이기에 매우 중요한 과정이다.

미술·디자인 담당 기자도 편집부에 속한다. 기사에 부연 자료로 활용되는 그래픽이나 이미지 자료를 제작하는 역할을 담당한다. 일목요연하게 정리된 한 장의 이미지는 독자들에게 뉴스의 이해도를 높이는 데 큰 역할을 한다. 보통 방송국이나 통신사에서 많이 근무한다. 그 이유는 시각적인 정보 위주인 TV 방송에서는 더욱더 효과적이고, 기사 내용과 사진을 판매하는 통신사에게 있어서도 주요한 역할을 하기 때문이다.

'사진기자'는 기본적으로 취재 현장에서 사진을 찍는 기자라고 할 수 있다. 취재 기자와 동행할 때도 있지만. 단독이나 팀으로 활동 자유롭게 활동하여 다양한 사진을 촬영한다. 좋은 사진이나 영상을 확보하기 위해 자유로운 업무 활동을 허가해주는 만큼 일이 고되기도 하다. 촬영한 사진 중 적합한 사진을 촬영하지 못해 난감함을 겪는 일도 있고, 현장에서 돌발적인 상황에 부닥쳐 다치는 상황도 발생한다. 실제로 시위 현장에서 기자에게 반감을 품는 시위자에게 폭행당하거나 위협당하는 일도 종종 생긴다. 이러한 어려움 속에도 현장의 생생함을 담아내는 사진·영상 기자의 의미는 더욱 빛난다.

이러한 업무들은 각각의 특수성을 띠는 부서로 나뉘어 배치되며, 기자는 소속 부서에서 활동하게 된다. 그렇다면 각 부서에서는 어떤 일을 하고, 기자는 어떤 임무를 수행해야만 할까. 언론사 대표 부서의 특징에 대해 알아보자.

정치부

정치부는 대한민국 국회, 정당, 대통령실 등을 출입처로 삼아 취재한다. 정치부 소속 기자는 주로 국내/외 정치인이나 관계자를 만나 정치계의 소식을 전하는 업무를 맡는다. 최근에는 정당별 출입은 점차 비중이 줄어들고, 국회 출입 기자로 일원화되어가고 있다. 정당이 원내 정당화되는 추세에 따른 것이다.

정치부 기자는 대통령이나 국회의원과 같은 고위공직자를 직접 만나게 되거나 대면할 기회가 많다. 정치인들은 명시적으로나 암묵적으로 인터뷰에 응할 의무가 있기에 기자가 직접 취재하여 의견을 전하기 수월하다. 대통령 역시 국민에게 자신의 근황이나 의견을 전해야 하므로 기자와 긴밀한 관계를 맺을 수밖에 없다.

  정치부 기자가 되기 위해서는 정치에 대한 깊은 관심이 필요하다. 나아가 정치와 정치인에 대한 애정까지 필요하다. 표면적으로 비치는 정치적 사건이나 사안들에 대해 통찰력 있게 보도하기 위해서는 해당 내용이 가진 이면까지 함께 다뤄야 하므로 깊은 관심을 가지는 것이 중요하다. 특히 정치인들은 행동의 작은 요인이나 사소한 말실수도 크게 문제될 수 있으므로 이를 대변하는 기자의 역할은 더욱 중요하다. 정치적으로 결정되는 사안들은 곧 국가의 운영 방안으로 삼아지기에 조심성도 기울여야 한다. 정치부 기자는 이러한 중요성을 인지하고 의원실이나 관계자와 긴밀히 소통하며 정확한 정보를 국민에게 전해야 한다.

  정치부 기자는 중립적이고 객관적인 태도를 유지해야 한다. 기자는 주관적인 기대와 객관적인 분석을 스스로 구분해내야 한다. 정치부에서 활동할 정도 수준의 기자라면 누구나 각자의 정파적 성향이 있기 마련이다. 호감을 느끼는 정당이나 정치인이 있는 것은 당연한 일이다. 하지만 정치적 이슈를 해석하는 과정에 자신의 기대심이 깃들거나, 오해로 인해 내용이 왜곡되어서는 안 된다. 매체가 띄는 정치적 성향도 영향이 미칠 수는 있으나, 기자는 반드시 중립적인 자세로 사실 그대로의 내용을 전해야 할 의무가 있다는 사실을 잊어서는 안 된다.

정치적 상황이나 정치인에 대한 막연한 불신을 가지는 독자들이 많다. 이들이 정치 혐오를 극복하고 시대의 흐름을 온전히 이해하기 위해서는 정치부 기자의 역할이 중요하다.

사회부

사회부는 전 영역에서 활동하며 취재한다. 기자의 꽃이라 불리는 부서가 바로 사회부인 이유이기도 하다. 모든 분야에서 열정을 불사르며 취재에 매진하는 사회부 기자의 모습에 매료되어 기자를 지망하는 경우가 많다. 동시에 기자 업계의 기피 업종이라 불리는 극한직업이기도 하다. 사건이 언제 발생할지 모르기 때문에 늘 대기하고 준비해야 한다.

사회부는 주로 경찰서, 검찰을 출입하는 '사건팀'과, 법무부나 검찰청, 법원 같은 법무 기관을 출입하는 '법조팀', 고용노동부나 교육부 등 사회 일선에 가까운 정부 부처를 출입하는 '행정팀'으로 나뉜다. 법조팀의 경우는 매체에 따라 '법조부'로 운영되기도 한다. 그 외 사회부에 소속돼 있는 팀으로는 시경, 교육, 노동, 환경, 복지 등이 있다. 또 지역사회를 보도도 담당하고 있다.

사회부 소속 기자의 경우 정치부나 경제부와는 달리 대상이 다소 가벼운 편인데 주로 사회생활에 관련된 기사를 집필하는 권한이 있고 대통령이나 재벌 총수 등 상대하기 무거워 보이는 존재들과 응대하게 되는 정치·경제부 기자들과는 달리 이쪽은 사회에서 살아가는 일반인들을 주로 만나게 되는 편이라 정치경제부보다는 그나마 무거움이 덜한 편이다.

활동 영역이 넓은 만큼 취재 역시 어렵다. 취재에 응할 의무를 진 공인을 상대하는 특정 부서와는 달리 일반인에게 인터뷰를 끌어내는 일은 수월치 않다.

그렇기에 기자의 적극적이고 투철한 정신과 능력이 중요하게 작용한다. 구체적인 출입처를 두고 하는 활동보다는 현장으로 직접 나가서 취재하기 때문에 업무 강도도 높은 편이다. 반면 노력의 대가를 충분히 인정받는 부서이기도 하다.

사회부는 다양한 사건을 발굴해내야 한다는 점에서 시민사회와도 밀접하게 연결되어 있다. 정치인이나 기업인을 상대하는 여타의 부서와는 달리 시민이 겪는 고충이나 문제에 귀 기울이는 과정에서 취잿거리를 발굴해내는 것이다. 이는 사회적 소외계층의 문제를 이슈화하여 민주주의를 발전시킨다는 궁극적인 성과를 이뤄낼 수 있다. 실제로 시민의 제보를 기반으로 사건을 취재하는 과정에서 국가적인 수준의 사건으로 확장되는 경우가 종종 발생하곤 한다.

사회부 기자는 사회의 다양한 이면을 면밀하게 들여다볼 수 있는 세심

함과 투철한 취재의식이 기반 되어야 하는 직업이다. 또 온라인 커뮤니티 상에서 이슈되는 내용에 대해서도 검증 및 사실확인을 해야 하는 등 넓은 영역에 해당하는 활동을 수행해야 하므로 적극성이 더욱 중요한 분야이기도 하다.

법조부

법조부는 주로 법원과 경찰청, 헌법재판소나 변호사회 등을 출입처로 삼아 취재한다. 보통 사회부 내에 법조 전문 팀을 꾸리는 것이 일반적이지만, 언론사의 형태에 따라 법조부를 단독 구성하는 때도 많다.

법조 기자들의 취재 대상은 고위계층이나 사회지도층이기 때문에 더욱 업무가 까다롭다. 자신의 분야에서 취재원 이상 수준의 이해력과 통찰을 가지지 않고서는 원활한 업무 수행이 어렵다. 전문성을 확보하지 못한다면 뛰어난 선배 기자들과의 경쟁에서 뒤처지는 것은 물론이거니와 취재 기회조차 얻기 어렵다. 법조부 기자는 갑자기 발생하는 법률 분야 사건에도 유연히 대처할 수 있을 정도로 능력을 꾸준히 키워나가야 한다.

이러한 문제를 해결하기 위해 법조 기자들이 협의체를 구성해 활동하는 구성인 '법조 기자단'이 대표적이다. 법조 기자단은 40여 개 언론사가 구성된 협의체로 약 260여 명가량의 기자들로 구성되어 있다. 이들은 서울중앙지법, 서울고등법원, 서울중앙지검, 서울고검, 대검찰청 등에 출입하는데, 현장에서 얻는 정보도 정보이거니와 기자들이 공유하는 정보에서 중요한 단서를 얻을 수 있다. 기자단에 들어가기 위해 기자가 다른 기자를 평가하고, 추천하는 등의 검증이 이뤄진다.

법조 기자는 일정 준수에도 신경을 기울여야 한다. 대부분 정보가 '엠바고' 요청되기 때문이다. 엠바고는 기사의 출고 시기에 대한 사전 요청이다. 이는 언론이 반드시 준수해야 하는 암묵적인 룰이며, 어겼을 때는 크고 작은 문제가 연쇄적으로 발생하기 때문에 더욱 주의해야 한다. 이에 따라 자유로운 취재보다는 정해진 틀과 규정 안에서 역량을 발휘해내야 한다는 제약이 주어진다. 보도자료가 주어지며 언론 보도를 요청 비율이 높은 타 부서와는 달리, 법조부는 제한적 취재 환경과 내용 공개의 절제가 필요하다는 점에서 일반적인 부서와 차이가 있다.

유독 철저한 보안과 통제로 인해 공식 브리핑에 의지해 취재해야 한다. 공식적으로 발표되는 정제된 내용이기에 그대로 정보만 전달해서는 가치 있는 기사를 생산할 수 없다. 기자 본인의 역량을 발휘해야만 추가적인 취재가 가능하고, 향후의 전망까지도 할 수 있다.

경제 · 산업부

경제부는 주로 기획재정부, 국세청, 통계청 등의 경제부처를 출입처로 삼아 취재한다. 산업부는 기업체나 경제, 경영인을 담당한다. 주요 출입처는 연차와 직급에 따라 정해진다. 매체별로 다르지만 세부적으로 분류하면 증권부, 금융부, 부동산부 등의 부서가 경제 · 산업부에 속해진다.

선진 사회로 진입할수록 경제의 중요성은 더욱 강조된다. 민간 경제가 중요히 다뤄지면서 경제부와 산업부의 영향력도 날로 커지고 있다. 정치 사회의 주요 이슈들이 경제 단체나 기업의 성과에 따라 운영 방향을 바꾸기도 한다. 그렇기에 경제부 기자들은 정확한 정보와 미래에 대한 정확한 예견으로 사회를 통찰할 수 있는 능력을 보유해야 한다.

경제산업부 기자는 타 부서의 기자에 비해 수월한 취재 활동을 수행할 수 있다. 기업에서는 자사의 성과가 긍정적으로 보도되길 희망하기 때문에 보다 더 호의적인 태도로 기자를 상대한다. 기업이나 기관에서는 매일 다양한 정보를 담은 보도자료를 제공하고 기자는 자연스럽게 취재 아이템 발굴에 고군분투할 필요가 줄어들게 된다. 그렇다고 해서 쉬운 분야는 결코 아니다. 주어지는 정보에 감춰진 진실을 발굴하거나 향후 발생할 수 있는 경제 · 산업적 이슈를 예견해 독자에게 전해야 하기 때문이다.

경제부 기자는 언제나 배움을 이어간다는 태도로 업무에 임해야 한다. 단순히 출입처의 정황을 파악하고, 제공하는 정보를 완전히 이해하는 수준을 넘어서야만 한다. 고전적인 경제학과 산업학에 대한 배경 지식을 바탕으로 매일 급변하는 세계 이슈까지 이해하고 분석할 수 있어야 독자에게 올바른 정보를 전할 수 있다. 경제의 흐름과 시장에 대한 폭넓은 이해를 갖추기 위해서 더 많이 읽고, 더 많은 사람을 만나야 한다.

또 경제부 기자는 기자 윤리를 더욱 철저히 준수해야 한다. 이들의 취재 대상인 대기업과 정부, 각종 이해집단으로부터 다양한 형태의 유혹을 받는 경우가 많다. 그런데도 언제나 단호한 태도로 기자의 본분을 지켜내야만 하는 것이 경제부 기자의 숙명이다. 사회부 기자가 소외계층의 이야기를 수면 위로 끌어올리듯, 경제부 기자는 기득권의 논리를 대중이 일반화하지 않도록 노력해야 한다. 경제와 산업 분야의 중요성이 높아질수록 경제부 기자의 윤리 의식 역시 성장을 거듭해야 한다.

경제부 기자는 지식의 측면에서나 인성적인 측면에서나 자기 성장과 계발을 거듭하는 직종이다. 객관적인 수치와 정보를 통찰력 있는 시선을 풀이하여 대중에게 전하는 과정에서 보람을 느낄 수 있을 것이다.

연예 · 문화부

　연예부와 문화부는 주로 문화프로그램과 엔터테인먼트 관련 기관이나 기업을 출입처로 삼아 취재한다. 인터뷰 대상은 문화 관련 부처의 대표자 혹은 관계자, 배우, 연예인 등이다.

　연예부는 크게 가요와 방송, 영화 분야로 구분된다. 보통 가수들의 공연 현장, 가요계 이슈를 취재하는 가요 담당 기자가 있다. 방송 담당 기자는 드라마나 예능 프로그램 리뷰 기사를 쓰거나 출연자들과 함께 프로그램 관련 인터뷰를 한다. 마찬가지로 영화 담당 기자는 시사회에 참석해 기사를 작성하고, 영화감독이나 배우들을 만나 인터뷰를 진행한다. 이렇게 각자의 담당 분야가 존재하지만, 실시간 연예 이슈나 사건 · 사고 소식을 챙기고 보도자료를 내보내는 일은 연예부 기자의 공통적인 업무라고 할 수 있다.

　연예인이나 배우에 대한 단순한 선망만으로 지망하고자 한다면 고민해보기를 바란다. 연예부는 실시간으로 발생하는 연예 관련 이슈를 생동감 있게 전하기 위해 노력해야 한다. K-컬처의 위상이 높아지며 전 세계적인 반응을 소개하기 위해서는 일정 수준 이상의 국제문화 지식이 필요하다. 이와 더불어 유망 산업으로 성장한 연예 분야의 미래에 대해 진단하고 처방하는 역할도 연예부 기자의 주요 업무 영역이다.

최근에는 인터넷의 발달로 인해 가벼운 연예 기사들이 늘어나며 대중들이 부정적으로 인식하는 경우가 많은 부서이기도 하다. 단순한 연예 이슈를 돋보이게 하기 위한 자극적인 제목의 낚시성 기사와 실속 없는 SNS 게시물을 그대로 소개하는 기사들이 난무하며 기자의 위상이 왜곡되었기 때문이다.

하지만 연예 분야도 정치나 경제 분야 못지않게 큰 비중을 차지하고 있는 분야다. 대중 트렌드를 선도하는 연예 문화를 분석하고 올바르게 전하는 업무 수행하는 곳이 바로 연예부이기 때문이다. 또 열악한 환경에 처한 연예인들의 고충을 알리며 연예 산업 발전에 이바지하는 것 역시 연예부 기자 고유의 가치이기도 하다.

문화부 역시 마찬가지다. 문화부야말로 타 부서 대비 기자 개인의 글쓰기 실력이 중요한 부서다. 대중에게 문화프로그램에 대한 온전한 감상을 느끼게 해야 하기 때문이다. 이를 위해 기자가 가진 문화예술 관련 지식의 수준도 수준이거니와 공휴일까지 불사하며 전투적으로 문화 프로그램에 직접 참여해야 한다. 문화부 기자는 대중문화에 민감하게 반응하고 대처해야 한다. 다양한 문화적 소개를 위해 끊임없이 대중문화인과 접촉하거나 직접 경험해야 한다. 문화부 기자는 관객이 아니기에 마음 놓고 즐기기만 할 수 없다는 사실을 반드시 인지해야 한다.

기자생활 Q&A

취재기자, 이런 것이 궁금해요

(뉴스핌: 박승윤 부사장)

Q. 본격적으로 기자 생활을 시작하게 되면, 처음 배정된 부서를 전문 분야로 삼아야 할까요.

: 기자는 보통 '로테이션'이라는 시스템을 가지고 있습니다. 한 부서에만 머물지 않고 다양한 부서를 경험해보라는 의미에서 지속해서 부서를 변경하도록 권유하는 것이지요. 다만 현재 소속된 부서에서 특출난 성과를 거두거나 두각을 나타낼 때는 기자의 재능을 살리기 위해 계속 같은 분야를 탐구하도록 배치하고 있습니다. 이 역시 앞서와 마찬가지로 선배로서의 배려라고 할 수 있겠네요.

Q. 계속 한 분야에 머물게 되면 어떤 이점이 있나요.

: 과거의 기자들은 '제너럴리스트'를 지향하며 근무해왔습니다. '기자'라는 대 전제 속에서 어떠한 환경에도 빠르게 적응하고 역량을 발휘하는 것이 중요한 능력으로 평가받아왔지요. 그런데 시간이 흘러 인터넷이 발달하며 방대한 정보를 활용할 수 있게 되며, 기자는 정보 취득의 능력보다 올바른 정보를 통찰력 있게 전하는 것이 중요한 역량이 되었습니다. 결국 '스페셜리스트'를 지향하게 되는 것입니다. 로테이션 역시 기자가 가진 본연의 가치를 찾도록 도와 전문 분야를 파악하는 과정 중 하나입니다. 적성에 맞는 분야를 찾게 되었을 때는 매진하여 전문기자로 거듭날 수 있게 됩니다. 전문기자가 되기 전까지는 되도록 많은 경험을 하고 기사를 작성하는 균형감각을 성실히 배워 나가야 합니다.

Q. 기자의 일과는 어떻게 되는지.

: 기자는 자유로운 일과 구성이 가능한 몇 안 되는 직업입니다. 그러기 위해서는 함께 공유하고 보고하는 체계는 그 어느 집단보다 철저하게 준수해야 하는 것이지요. 필수로 함께 의견을 나눠야 하는 사항으로는 '아이템 발제'가 있습니다. 보통 오전에 진행하는 회의에서 주요 안건으로 다뤄지곤 합니다.

기본적으로는 기자 개인이 취잿거리가 될 만한 소재를 발굴하고 발전시켜 소재를 공유합니다. 사안이 중요하고 의미 있다고 판단되면 장기 취재나 기획에 돌입하거나 팀을 꾸려 업무를 기획하기도 합니다. 프로젝트팀은 각 부서 단위나 출입처별로 구성되기도 합니다.

Q. 기자가 되기 위해서는 작문 실력이 중요할 것 같다고 생각합니다.

: 물론 글쓰기 능력이 뛰어난 사람이 더 유리한 것은 사실입니다. 하지만 기자는 작가가 아닙니다. 수려한 글쓰기 재능을 보유해야만 하는 직업이 아니라는 말이죠. 기사 쓰기의 기본은 '스트레이트' 작성부터 시작합니다. 육하원칙에 따라 될 수 있으면 짧은 문장을 쓰는 방식으로 글을 써 내려갑니다. 이를 위해서는 명확한 사전 조사와 구체적인 주제 의식이 전제되어야 합니다.

기사는 형태별로 일정한 포맷을 갖추고 있으므로 내용만 충분하다면 글쓰기는 문제가 되는 제약이 아닙니다. 결국 기자는 글을 써서 전하기는 하지만 취재를 기획하고 구성하는 능력이 더 중요하다는 사실을 알 수 있습니다. 아마 기자 중에 글쓰기를 두려워하는 기자는 없으리라 생각합니다. 반대로 작문에 자신 있다고 호언장담할 사람도 극히 드물 것이고요. 글을 쓰는 능력은 취재 경험과 함께 자신만의 방식으로 점점 성장해나갈 테니 걱정하지 마세요.

Q. 열심히 작성한 기사가 반려되는 일도 있는지요.

: 자주 있는 일은 아닙니다. 왜냐하면 앞서 말한 바와 같이, 매일 기획회의를 통해 취재 아이템을 발제하고 함께 발전시켜 방향을 잡아가기 때문입니다. 그러므로 주제나 내용의 문제로 반려되는 경우는 많지 않습니다. 다만, 글의 방향성이 너무 편향적으로 치우치는 경우나 보도 시기와 사건의 시의성이 부합하지 않을 때는 기사 수정을 요청하거나 보강취재를 제안하는 방식으로 진행합니다. 기자로서 편집국이나 선배와 긴밀하게 소통하면서 중립적 균형감각을 점검해 나간다면 다 작성한 기사를 반려당할 일은 없으리라 생각합니다.

Q. '풀 기자'라는 단어를 많이 들었는데 구체적으로 어떤 일을 하는지 궁금합니다.

: 보통 취재 인원의 제한을 두어야 하는 취재 사항에 있어서 대표로 선정된 기자를 '풀 기자'라고 말합니다. 대통령실이나 국회 같은 곳에 출입하는 경우 풀 기자가 역할을 하게 되는 일이 많아요. 보통 국무회의와 같은 주요 취재에 참여할 수 있는 인원이 한정되어 있으니 당연히 풀 기자가 필요하겠지요. 풀 기자는 대표자로 들어가 현장을 기록하고 취재합니다. 그리고 취재 내용을 전체 '풀 기자단'에게 공유하는 임무가 있습니다. 기자들이 모여 구성한 '풀 기자단'은 서로 돌아가며 5~10명씩 팀을 구성합니다. 그리고 순서에 맞춰 취재에 들어가고 서로 성실히 소임을 수행

하게 됩니다.

Q. '풀 기자단'은 어떻게 가입할 수 있는지.

: 풀 기자단은 내부 규칙을 철저히 준수해야 하는 의식공동체입니다. 그렇기에 기자단에 합류하는 일도 만만치 않습니다. 기자단에 가입하기 위해서는 사전에 기자단 내부에서 해당 기자에 대한 평판 조회나 역량 평가를 진행하게 되고, 모든 절차를 마친 후에야 가입이 승인됩니다. 기자단에 합류해야만 얻을 수 있는 수준 높은 정보가 존재하기 때문에 기자라면 누구나 자신의 분야의 기자단에 소속되고 싶어 합니다. 이는 단순히 선배의 소개나 혹자의 추천만으로는 추진될 수 없는 일이기에 기자 본인이 매사 노력하며 실력을 쌓아야 하는 것이죠.

Q. 어느 부서가 적성에 맞는지 미리 판단할 방법이 있을까요.

: 직접 경험하며 스스로 판단해야겠지만, 간단한 팁은 있습니다. 부서에서 다루는 소재에 집착을 버리는 일입니다. 정치부, 경제부, 사회부 등 부서에서 다루는 기사 소재에 대한 전문성이 부족하다고 해서 겁부터 먹을 필요는 없다는 말입니다.

가령 정치부를 두고 비판적인 시선으로 업무에 임해야 한다고 생각하는 사람들이 많은데 전혀 그렇지 않습니다. 정치부야말로 균형감각과 객관적 판단이 중요한 부서예요. 자신이 옹호하거나 반대하는 정당의 메시지조차 왜곡 없이 온전히 전해야 하기 때문이죠. 산업부도 마찬가지예요. 업계에 대한 이해나 세부적인 메커니즘을 이해하는 것도 중요하지만, 장기적인 동향 분석이나 내부의 지배구조 분석 등 현황을 두고 다양한 각도의 가능성을 염두에 두는 능력이 필요한 부서가 바로 산업부입니다. 문화부는 어떤가요. 일을 즐기며 하는 사람이 가야 하는 부서가 아니라 자신의 황금 같은 공휴일을 늦은 시간까지 반납하며 분석적인 시각으로 일해야 하는 곳입니다. 무엇보다 투철한 희생정신과 글쓰기 능력이 강조되는 부서입니다. 무엇보다 부서를 정확히 판단하기 위해서는 편견 없이 직접 체험해보는 것을 추천합니다.

Q. 신입 기자를 채용하실 때 주요하게 평가하는 점이 있다면.

: 신입 기자를 채용하는 일은 언제나 어렵고 신중한 일입니다. 경력직 기자와는 달리 하나하나 교육하며 업무 능력을 전수해야 하고, 기자 본인이 그만두는 경우도 많기 때문이에요. 그렇기에 뉴스핌의 경우, 예전에는 필기시험 과정이 있었으나 최근에는 '채용형인턴제도'를 도입하여 시행 중입니다. 앞서도 말씀드렸듯이, 단순히 글쓰기 실력이 탁월하거나 화려한 대외활동 경력 정도로는 기자로서의 적성이나 역량을 판단하기 어렵습니다. 그래서 직접 인턴기자 활동에 참여해 체험해보고 그 과정을 함께 공유하며 개선해나가는 과정을 겪고자 했습니다.

무엇보다 기자에게 중요한 것은 호기심과 탐구심 그리고 집중력입니다. 기자라는 직업은 그 어느 직업 분야보다 유연함과 철두철미함을 유지해야 합니다. 정반대되는 이러한 능력이 조화를 이루려면 취재 대상을 찾아내는 호기심과 깊이 파고들 수 있는 탐구심, 그리고 이를 끝까지 이끌고 가는 집중력이 중요합니다. 그 외에 개별적인 재능이나 강점을 살피면서 적합한 부서에 배치하여 활동하도록 하고 있습니다.

사진 · 영상기자, 이런 것이 궁금해요

(더팩트: 탐사 보도팀 이덕인 기자)

Q. 사진 · 영상기획부의 구성과 역할이 궁금합니다.

: 제가 소속된 팀의 경우는 부장을 포함해 총 11명으로 구성되어 있습니다. 이 중에서 3명은 탐사보도 팀으로 구성돼 영상취재나 영상기획물 위주로 취재하고 있습니다. 과거에는 사진기자들이 촬영을 전담했다면 최근에는 다양한 분야까지 활동 영역을 넓히고 있습니다. 영상취재나 편집하기도 하고 때로는 직접 취재하여 글을 쓰기도 합니다. 실제로 사진기자에서 취재기자로 전향한 사례도 많습니다. 사진 · 영상 기자라고 하더라도 특정 분야에 더 큰 장점을 가진 포괄적인 기자라고 보면 좋습니다.

Q. 사진 취재 · 영상 업무가 없는 경우, 촬영 기자는 무슨 일을 하나요.

: 사진 · 영상 기자의 주 업무는 뉴스 현장에서 순간을 기록하는 일입니다. 큰 사건이 없을 때는 자연이나 인물 등을 촬영하기도 하는데, 보통 포토에세이로 구성하곤 합니다. 그 외 해보고 싶었던 포토 기획을 하거나 새로운 심층 취재기획을 위한 사전 준비를 합니다. 이를 위해 정보 검색, 현장 답사 등의 활동을 합니다. 그 외에 기사 작성을 위한 개인적인 글쓰기 공부나 사진 · 영상의 수준을 높이기 위한 편집 공부 시간을 갖기도 합니다.

Q. 최근 언론사에서 유튜브 등을 활용한 뉴미디어 관련 시도가 눈에 띕니다. 실제로 뉴미디어 채널을 운영할 때 기자가 영상편집이나 이미지 제작을 병행하는지, 혹은 뉴미디어 전문기자가 배치되어 있는지 현 미디어 상황이 궁금합니다.

: 회사마다 뉴미디어 팀이 있고 기획 영상이나 편집하는 인원이 있습니다. 유튜브만 관리하는 인원이 있는 곳도 있고요. 현장에서 일하는 취재기자나 사진기자가 영상을 찍을 일이 늘어나는 추세입니다. 라이팅만 가능한 기자는 영상편집까지 해버리는 기자보다 뉴스의 가치를 더 보여 줄 수 없는 시대가 오고 있는 것은 사실입니다.

Q. 연예 기사의 경우, 유명인의 SNS 게시물이나 사진을 캡처해서 활

용하는 상황을 빈번하게 찾아볼 수 있습니다. 이런 경우 법적으로 문제되지 않은지요.

: 보통 SNS상에서 인플루언서라고 불리는 유명인들은 통상 공인으로 여깁니다. 소셜 플랫폼에서 공식인증을 받은 대상의 경우에는 더욱 그렇다고 봅니다. 이들은 자신의 의지로 게시물을 업로드하고 대중에게 공개하기 때문에 내용이나 사진의 공개를 문제 삼지는 않습니다. 다만, 개인적인 요청에 의한 사후 조치는 기사의 내용이나 영향력에 따라 매체별로 판단해 조치하게 됩니다. 특히 공공의 알 권리와 직결되는 사안이라면 SNS 게시물의 인용이라고 해도 충분히 가치가 있다고 생각합니다.

Q. 언론사에서 사진 편집과 가공은 어떠한 방식으로 진행되나요.

: 언론사는 크게 '편집부'가 있고, 그 아래로 부서로 분류되어 '정치부', '사회부', ',연예부', '사진부' 등이 운영되고 있습니다. '사진부'의 경우, 다시 세분해서 '사진부'나 '사진 · 영상부' 등으로 나뉘기도 합니다. 사진기사의 마감은 전적으로 취재한 사진기자가 편집으로 구도까지 조정한 상태에서 기사가 출고됩니다. 사이트 홈페이지 메인화면에 오르는 사진의 경우에는 당직근무를 서는 편집국장이나 부서장들이 최종 검토를 확인하게 됩니다.

Q. 직접 촬영에 나서지 않고 무료 이미지 사이트 이용도 하나요.

: 불가피한 상황이 발생하여 언론사에서 필요한 사진을 직접 촬영할 수 없는 때도 있습니다. 이런 경우, 주요 이슈 대부분의 현장을 취재하는 통신사인 연합뉴스나 뉴시스, 뉴스1 같은 회사와 계약하여 부족한 사진 자료를 확보합니다. 실질적으로 무료 이미지 사이트를 활용하는 경우는 보도 내용에 대한 부연 설명 수준 이외에는 많이 없는 편입니다. 그리고 만약 이러한 이미지를 사용해야 한다면 반드시 저작권 출처 표시를 기재해야 합니다.

Q. 사진 촬영 대상이 되는 시민 섭외에 어려움을 겪는 일이 많다고 들었습니다. 이런 문제 때문에 기자가 시민인 것처럼 촬영의 대상이 되는 일도 발생하고 있는데요. 사진을 촬영하기 위해 효과적으로 시민을 섭외할 방법이 있는지요.

: 섭외는 사진기자가 반드시 해결해야 하는 당연한 문제인 동시에 가장 힘든 부분 중 하나입니다. 무작정 카메라를 들이밀고 대화를 요청한다면 상대방은 거부감을 느끼기 마련이겠죠. 그래서 기자의 덕목 중 '끈기'가 필요한 것이 아닐까 합니다.

사진 촬영을 시작하기 전에 보통은 기자 자신의 소속을 밝히며 소개하고 인사를 건네게 됩니다. 그리고 가급적 사진 촬영을 해야 하는 긍정적이고 합당한 이유를 부드러운 어조로 잘 설명해야 합니다. 여기에는 거짓이나 과정이 있어서는 안 됩니다. 충분한 양해의 과정을 거친 후에 자연스럽게 취재할 수 있도록 해야 합니다.

단, 뉴스의 소재가 되는 사건의 중심에 선 인물이거나, 공익적인 목적으로 알려야 할 사진 뉴스라면 굳이 본인의 정체를 밝히고 촬영하지 않아도 됩니다. 때에 따라 소속을 밝히지 않는 것은 어느 정도 허용되고 있지만, 신분을 다른 직업으로 속이는 것은 문제의 소지가 있습니다.

Q. 기사와 크게는 연관 없는 사진을 찍는 경우도 많겠네요.

: 뉴스성 없는 사진을 찍었다고 하더라도 그것이 기자 개인의 작가성 짙은 에세이가 될 수 있습니다. 그 외 본인이 하고 싶은 이야기를 담을 수도 있겠죠. 충분히 사진기자로 표현되는 것에는 문제가 없다고 봅니다. 너무 홍보성이 아니라면 데스크가 확인하고 출고해 주는 경우가 많습니다.

Q. 인물 사진을 찍었을 때 사진 속 인물을 보정도 해주는지.

: 기자는 보이는 그대로 팩트를 사진에 담아야 합니다. 촬영된 사진을 명확히 판단하기 위해 밝기나 톤을 보정 하는 정도의 수정은 이뤄질 수 있겠습니다. 그러나 촬영 대상의 얼굴이나 신체를 보정하지는 않습니다. 사진기자는 왜곡되지 않게 기록하는 것이 가장 중요하기 때문입니다.

Q. 기자와 함께 현장에 가는 사진 취재 이외에도 단독으로 움직이는 경우엔 어떤 취재가 있을지요.

: 인터뷰 등 취재기자와 동행하는 때도 있지만, 대부분 사진기자는 거의 따로 움직입니다. 회사 동료보다 타 매체 사진기자 선 후배를 만날 기회가 더 많죠. 제가 속한 팀의 경우는 사진부가 함께 조직을 꾸려 기획취재를 진행합니다.

Q. 사진기자와 함께 취재할 수 없는 경우에는 어떻게 해야 하는지.

: 취재기자는 '사진기자협회'에 소속될 수 없다는 문제가 있어서 정식적인 사진기자로의 활동에는 다소 제약이 있습니다. 하지만 취재기자 역시 촬영하고 자료로 사용할 수 있습니다. 현장에 있는 기자가 누구든 기사에 적합한 사진 자료를 생산할 수 있다면 문제없습니다. 다만, 현장에 사진기자가 있었고, 사진이 회사 포토 데스크에 있음에도 사용하면 문제가 됩니다. 또 사진기자가 올린 사진을 취재기자가 임의로 사이즈를 조정하거나 구도를 편집해도 문제가 됩니다.

Q. 촬영 사진 중 기사에 사용되는 기사는 기자 본인과 데스크 중 누가 선택하는지요.

: 기사의 성격에 따라 사용하는 사진의 개수는 상이합니다. 그런데 만약 취재한 여러 사진 중 한 장만 사용된다면 촬영한 기자가 본인이 선택

하는 것이 일반적입니다. 기자라는 직업은 프라이드가 강하고 자신의 주관이 뚜렷하다는 특징이 있습니다. 기자 자신이 현장에서 체험한 생생함을 보일 수 있는 적합한 사진을 선택하는 것이 효과적이기 때문입니다. 회사에서도 기자의 의견과 선택권을 존중해주는 편입니다. 다만, 여러 장의 사진 중 선택에 어려움을 겪고 있다면 선후배와 회의하거나 데스크에 선택권을 넘기기도 합니다.

Q. 기자님 마음에 드는 사진을 찍었을 때, 해당 사진에 걸린 인물이 사진을 지워달라고 요청하면 어떻게 하나요.

: 기자의 의사 결정은 언제나 데스크에 보고하는 일부터 시작합니다. 데스크에 보고가 우선이고, 이미 출고된 사진이라면 사후 조치를 논해야 합니다. 만약 문제가 된다면 해당 장면에서 모자이크 처리를 하여 확실하게 수정해야 합니다. 모자이크로 독자들이 봤을 때 누군지 모를 정도라면 법적으로 문제 되지 않습니다. 단순히 자기 모습이 마음에 들지 않는다는 이유로 무작정 삭제 요청할 경우에는 수용하지 못하는 경우가 대부분입니다.

Q. 기사에 활용된 사진 출처를 밝히지 않는다면 법적 분쟁이 발생할 수도 있을까요.

: 저작권의 주체가 되는 사람이나 회사에서 소송을 건다면 법적인 문

제가 충분히 발생합니다. 사진을 사용하기 전에 반드시 상대방 측에 알려서 동의를 얻어야 하는 이유이기도 합니다. 이렇게 동의를 구하고 나면 출처 표기와 함께 사진을 사용할 수 있습니다.

Q. 본인이 찍으신 사진이 도용됐던 경우가 있나요.

: 물론입니다. 타 매체의 기사에서 메인 사진이나 서브 사진으로 쓰이고 있는 경우를 종종 목격하곤 합니다. 이런 일이 발생하면 본인이 소속된 언론사에서 문제를 해결해줍니다.

언론사는 그 어느 조직보다 보고 체계가 확실한 집단이기에 이러한 정보는 반드시 공유해야 하는 일이죠. 문제를 들여다보는 과정 역시 개인의 판단이 아닌 관리자가 되는 데스크에 보고한 뒤 맥락을 파악하고 조치합니다. 기자는 자신이 처한 상황이나 위험에서도 사전에 충분히 보고된 사안에 있어서는 회사가 보호해주고 있습니다. 사진이나 영상자료도 소유권을 가진 회사에서 문제를 해결하게 됩니다.

Q. 언론사에서 사진과 영상을 편집할 때 어떤 프로그램을 주로 사용하는지 궁금합니다.

: 정답은 없습니다. 본인이 가장 잘할 수 있는 프로그램을 사용하면 됩니다. 회사에서 데스크탑이나 유료프로그램을 지원해준다면 거기에 따

라 공부하시고 사용하면 될 것 같습니다. 컴퓨터 운영 프로그램에 따라 다르긴 하지만, 윈도우OS의 경우 어도비 프리미어 프로가 관련 프로그램별 호환성이 좋아 사용하기 좋은 것 같습니다. 맥OS의 경우에는 파이널컷의 사용이 두드러집니다. 그렇지만 결국 본인이 가장 편하게 사용할 수 있는 프로그램이 무엇인지가 중요하겠지요.

Q. 보도사진을 찍기 위해 촬영의 위치도 중요할 것 같습니다. 어떻게 사진 찍기 좋은 명당을 차지할 수 있을까요.

: 뉴스 현장의 상황을 빨리 이해해야 좋은 명당을 선점할 수 있습니다. 사건 현장에서 주요 인물의 시선과 행동, 다음 동작 등을 알고 예측할 수 있는 기자가 먼저 좋은 위치를 선점할 수 있습니다.

Q. 최근 연예계 뉴스 영상을 보면 마스크 낀 채 포토라인에 서는 경우를 종종 확인할 수 있습니다. 그런 경우 카메라 기자들이 마스크를 벗으라는 요청 해도 되나요?

: 공공의 알 권리로 공인의 얼굴을 보여야 한다면 마스크를 벗는 게 옳다고 생각합니다. 공인 본인이 원치 않으면 안 벗어도 무관합니다. 반면, 얼굴 공개 이유가 타당하지 않다면 마스크를 벗는 것을 요구하면 안 됩니다.

Q. 더팩트 단독 보도 사건을 살펴보다 보면 사진이나 영상을 입수해 보도되는 경우를 종종 확인할 수 있었습니다. 이런 경우는 어떻게 진행이 되나요.

: 일반적으로 제보를 받는 경우가 많습니다. 하지만 이런 상황에도 반드시 추가 취재가 진행된 후에야 본격적으로 보도가 됩니다. 이는 뉴스를 어떻게 구성할 것인지에 대한 사전 기획이 수행되어야 하는데, 진실을 전하는 과정에서 사건을 명확하게 해석해야 하기 때문입니다. 단순히 제보받은 내용만으로 성급히 보도하지는 않습니다. 이를 위해 많은 인력이 각자의 취재원과 정보원의 도움을 받아 더욱 구체적으로 취재를 진행합니다.

이런 뉴스의 주제를 살펴보면 내부 비리나 반사회적 사건들에 대한 보도가 대표적입니다. 한 사건의 경우, 같은 종교시설에서 전해 들은 사건을 전해 들을 기자가 해당 사건을 공론화해야겠다는 의지로 보도기획팀을 꾸린 일이 있었습니다. 직접적인 폭행이나 부조리의 증거를 확보하기 위해 내부자인 제보자와 협력하여 초반부터 진행했습니다. 약 한 달 정도 사전취재 기간을 설정하고 제보자가 증거 자료를 수집할 수 있도록 지원하고 소통해왔습니다. 결국 폭행 영상을 수집하게 되어 인터뷰와 영상스케치의 다음 단계로 진행했습니다. 하나의 취재라고 해도 얼마나 철저히 준비하고 투자하는지에 따라 기사의 질은 달라지기 마련이죠.

Q. 보도 사진에서 좋은 사진이란 무엇일까요

: 미적으로 좋은 구도나 뉴스의 찰나를 담는 것은 기본적인 사항이라고 생각합니다. 여기서 말하는 '미적'이라는 기준은 독자들이 사진을 보았을 때 이해하기 수월하거나, 이슈의 내용을 잘 표현하는 사진의 수준을 의미합니다. 좋은 보도 사진의 본질적 의미는 그 사진으로 인해 세상에 좋은 변화가 발생하는 것이 아닐까요. 또 거짓으로 가려진 부분을 밝혀내 진실을 전하는 것이 아닐까 싶습니다.

온라인 시대, 디지털 저널리즘

　사진과 텍스트, 영상을 온라인에 올린다는 의미만이 아니다. 온라인에서 벌어지는 사건 사고와 흐름, 소통 방식의 변화를 늘 지켜보면서 온라인의 어젠다를 온라인 방식으로 전달해야 온라인 뉴스다운 온라인 뉴스다. 여기에 독자들과 늘 소통하고 독자가 취재는 물론 보도와 보도 이후까지도 참여하면서 취재 보도 과정을 이해할 수 있도록 열린 자세를 가져야 진정한 온라인 저널리즘이라고 할 수 있다.

　온라인 시대의 디지털 저널리즘이 가지는 대표적 특징은 시간과 지면의 제한이 없다는 점이다. 뉴스 발생 순간부터 독자에게 전달할 때까지 걸리는 시간이 줄어들었다. 기사의 분량이나 시간도 제한 없이 풍부하게 담을 수 있다.

또 하이퍼링크를 활용해 더 많은 정보를 전달할 수 있다. 기사의 출처, 관련 사항, 해당 단체나 개인의 홈페이지, 용어 설명 등의 부가적인 정보를 기사에 다 담지 않아도 링크를 통해 필요한 정보를 찾아볼 수 있도록 독자에게 제공할 수 있다. 기사 자체에 팩트의 신뢰를 전할 출처와 취재 과정을 담고 독자가 이해할 수 있는 방식으로 기사를 작성해야 함은 물론이다. 더 많은 정보와 맥락이 궁금한 독자들에게 하이퍼링크로 찾아갈 수 있도록 서비스를 한다는 의미이다.

문자, 소리, 영상 모두를 이용해 정보를 전달할 수 있다. 디지털 문화와 소통방식이 바뀌는데 따라 뉴스도 계속 바뀌어야 한다. 텍스트와 사진, 짧은 영상에 머무르지 말고 인터랙티브 방식, 영상과 지도, 독자의 관심에 따라 움직이는 그래픽 등 다양한 형식을 개발하고 어떤 형식이 효과적인지 늘 시도해야 한다. 그 외 독자와 쌍방향 소통이 수월하고, 기사를 아카이브 형태로 저장할 수 있으며, 일단 보도된 기사도 수정 삭제할 수 있다는 특징이 있다.

언론 보도의 절차가 수월해진 만큼 더욱 중요하게 여겨지는 사항은 바로 '디지털 저널리즘 윤리'다. 기자가 준수해야 할 온라인상의 저널리즘 윤리는 아래와 같다.

1. 온라인 정보를 항상 의심하라.

온라인에서 유통되는 방대한 정보에는 확인되지 않은 사실이나, 거짓·날조된 내용들이 다수 존재한다. 기사 작성의 주체가 되는 기자는 독자에게 올바른 정보를 제공해야 하는 의무가 있는 만큼, 사실 검증에 힘써야 한다. 사실관계나 내용증명을 위해 언제나 주어진 정보를 의심하는 태도로 확인을 거듭해야 한다.

2. 자신이 한 취재에 의존하라.

기자 자신이 확신을 두고 추진해 온 취재의 과정과 내용에 의존하여 주체적으로 기사를 작성해 나가야 한다. 자칫 타인의 의견에 기대거나 외압에 의해 취재 방향이 좌우되어서는 안 된다. 이는 디지털 저널리즘 윤리 이전에 기자 자신에 대한 신뢰를 두텁게 하는 태도로 작용한다.

3. 신속성보다 정확성을 우선시한다.

실시간으로 사건과 이슈가 보도되는 현대사회에서 신속성은 무엇보다 중요한 언론 보도의 가치로 여겨지곤 한다. 그러나 정확하지 못한 정보를 보도하는 일은 언론인으로서의 윤리에 어긋나는 일이다. 출고나 마감에 대한 부담을 감수하더라도 정확성을 최우선으로 해야 하는 것이 기자의 본분이다.

4. 조회수가 전부인 기사를 쓰지 않는다.

성과의 측면에서 조회수는 중요한 평가 요소가 된다. 이는 훌륭한 기사에서 비롯되는 대중의 공감이어야 한다. 단순히 조회수를 올리기 위해 낚시성 기사 오보하는 일은 윤리적으로 어긋난다.

5. 어뷰징 행위(검색어가 들어간 같은 내용의 기사를 반복 전송하는 행위)를 금지한다.

독자에게 노출되기 위해 특정 검색어나 주요 내용의 반복적인 송출은 언론 보도의 본질적인 의미를 퇴색시키는 행위다. 대중의 알 권리를 위해 집중보도하는 경우에는 단순한 반복성 노출이 아닌 상황과 전개를 정리하여 다시 소개하는 수준으로 구성되어야 한다.

6. 타인의 저작권을 존중한다.

기사 작성에는 다양한 정보가 필요하다. 만약 타인의 저작물이나 저작권에 해당하는 정보를 활용하는 때에는 반드시 출처를 밝혀 권리를 존중해야 한다.

7. 온라인 조사와 취재

온라인 취재는 출입처라는 물리적 취재 영역에서 탈피, 다양한 정보원들과 접촉할 기회를 제공한다. 사안에 대한 여론의 흐름을 즉각적으로 파악할 수 있다. 주류 외에도 다양한 소수의견 청취가 가능해 새로운 관점으로 기사를 작성할 수 있다.

출처: 쿠키뉴스 취재보도 가이드북

A GUIDE FOR
JOURNALIST

2장

언론보도 기본기

다시, 저널리즘 그리고 기자

    언론의 본질적인 존재 의의는 시민의 알 권리를 위함이다. 이러한 알 권리의 수호를 위해서는 반드시 진실만을 여과 없이 보도해야 한다. 그리고 그 진실은 객관적인 사실을 바탕으로 이뤄져야 한다. 다시 말해 사실을 바탕으로 진실을 전달해 시민의 알 권리를 지키는 것이 언론의 역할이다.

    이렇듯 언론은 시민을 위해 존재해야 하며, 기자는 시민의 대변자이자 대리자로서의 역할을 다해야 한다. 주권자가 되는 시민은 정부에게는 '통치권'을 위임하고, 언론에는 정부가 제대로 역할을 하는지 시민사회의 '발언권'을 위임한다. 그렇기에 기자는 공적인 의무와 책임을 부여받은 직업이라고 정의할 수 있다.

언론은 시민이 부여한 공적 책무를 다하기 위해 다양한 방식으로 최선을 다해왔다. 그간의 언론 역사를 돌아보면 투쟁의 역사라고 해도 과언이 아닐 것이다. 권력의 압제와 핍박 속에서도 언론은 진실한 기사로 이 사회를 온전히 이해할 수 있는 '세상을 보는 창'이 되어 민주주의 발전에 기여해왔다.

그러나 안타깝게도 현재 한국 언론의 신뢰도는 바닥을 치고 있다. 기자는 일명 '기레기'(기자와 쓰레기의 합성어)라는 굴욕적인 호칭으로 불리는 지경에 처했다. 미디어 환경이 급속도로 변모하며 언론은 본질적인 의미의 역할 수행을 뒷전으로 하고, 대기업과 포털에 기생하는 방식을 선택하기도 한다.

그 결과 젊은 기자들을 중심으로 언론계를 떠나는 '기렉시트'(기레기와 출구를 뜻하는 엑시트의 합성어)가 이어지고 있다. 더는 희망이 없는 언론. 과거의 영광에만 머문 채 변화하지 않는 언론은 결국 뉴스의 질 저하를 가져오고 이는 뉴스 신뢰도 하락, 민주주의 약화라는 우울한 미래를 가져올 것이라 예상된다. 언론의 위기는 사회 붕괴를 나타내는 지표나 다름없다.

현재 대한민국의 언론사 수는 2만 개가 넘는다고 한다. 과연 저널리즘에 부합하는 언론과 보도의 비율도 이와 비례한다고 할 수 있을까. 이제는 언론인의 관점이 아닌 독자의 관점에서 바라봐야 한다. 기사는 기사답고, 기자는 기자다워야만 독자들에게 통한다. 다시 저널리즘을 논해야 한다.

저널리즘을 갈구하는 독자들의 목마른 외침이 들리지 않는가. 이제 움직일 때다. 모름지기 기자라면 보고 듣고 읽고 쓰는 일을 게을리해서는 안 된다. 특종의 순간을 놓치지 않고, 더 나은 세상을 만들기 위해 펜 끝의 날을 더 날카롭게 세우기 위해 노력해야 한다. 기자는 기사로 말한다. 기사는 기자의 역량을 가늠할 수 있는 바로미터다. 기자의 글쓰기가 중요한 이유다.

2부에서는 기사 작성 원칙, 취재기법, 기사 작성법 등 기사 쓰기의 기초와 실전에 도움이 되는 내용을 소개하고자 한다. 언론 상식이나 실무 지식 전달에서 그치지 않고, 좋은 기사를 쓰기 위해 예비 언론인과 현직 언론인이 갖춰야 할 것들은 무엇인지 전반적으로 살펴보자.

기사의 속성

기사의 정의와 가치

언론은 글, 사진, 영상 등 다양한 방식으로 새로운 소식인 뉴스(news)를 전하거나 주장을 전한다. 뉴스는 있는 사실 그대로를 전하는 비(非)평가적인 문장을 활용하는 반면, 주장은 칼럼이나 사설, 논평 등 평가적인 문장으로 각각 정보전달과 특정한 반응을 유발하는 것을 목적으로 한다.

뉴스를 담아내는 '기사'는 가장 많이 사용하는 언론의 표현 양식이자 시민의 삶의 영향을 미치는 '공적 텍스트'다. 이렇듯 기사는 저널리즘의 속성이 담긴 글로 일반적인 글과는 그 목적과 성격을 달리한다.

기자는 어떤 기사를 쓸지 매일, 매 순간 고민한다. 기사 작성에 들어가기 전에 이른바 '기삿감'은 무엇인지부터 살펴봐야 한다. 일주일 전에 발

생한 사건보다는 바로 오늘, 지금 일어난 사건이 뉴스로서의 가치가 있
다. 일반인보다는 유명인과 관련한 사건이 더욱 관심을 끈다. 지리적, 심
리적 거리가 가까울수록 뉴스 가치에 부합한다. 그 밖에 대중의 삶에 영
향을 미칠수록, 갈등이 극심할수록, 호기심을 불러일으킬수록 뉴스로서
의 가치가 높다. 그밖에 의외성, 공유성, 규모 등에 따라 기사 우선순위
가 다르다.

기사의 가치를 판단하기 위해 고려해야 하는 사항으로는 △시의성 △
저명성 △근접성 △영향성 △갈등성 △흥미성 △심층성 등을 주요 요소
로 판단할 수 있다.

· 시의성

사건과 보도의 시간적 차이가 가까울수록 기사로서의 가치가 높다고
판단한다. '바로', '지금', '최근' 사건일수록 새로운 사건, 뉴스에 가깝다.
실시간으로 발생하는 뉴스가 주요 포털의 검색 순위 상위권을 차지하는
것을 보더라도 시의성이 중요한 가치로 작용한다고 볼 수 있다. 그렇다
고 무조건 기사의 가치를 시간적 개념으로만 접근해서도 안 된다. 과거
의 사건이라도 '시의적절함'을 고려해 현재 다룬다면 그 또한 '뉴스'다.

· 저명성

많은 이들에게 알려진 인물이나 사건일수록 독자들의 관심을 끌기 수월하기에 기사로서의 가치도 높아진다. 예를 들어 똑같은 음주운전 사고라도 사회적 영향력이 있는 인물일수록 기사의 파급력은 더욱 높다. 유명 인사의 이야기는 독자들의 흥미를 끌기 충분하고, 보도 영향력도 크다고 할 수 있다.

· 근접성

우리는 미국이나 중국에서 발생한 뉴스보다 우리 삶과 직접적인 연관이 있는 국내 뉴스에 관심을 둔다. 이렇듯 지리적으로 가까운 곳에서 발생한 사건에 관심을 더 두게 되는 '근접성'이라는 가치가 뉴스성에 영향을 미친다. 이러한 지리적인 요인뿐만 아니라 심리적인 거리도 한 요소다.

예를 들어 외국에서 각종 재해나 인재가 발생하면 한국인에게 얼마만큼의 피해가 발생했는지 보도한다. 한국과 우호적이거나 역사적 배경이 비슷한 국가에 대해서는 더욱 적극적으로 보도된다. 이렇듯 심리적 근접성이 기사 가치를 판단하는 요인 중 하나로 작용한다. 그렇다고 근접성을 우선순위로 정해 보도하면 소외되는 지역이나 사건, 인물이 생길 수 있어 다른 요인도 고려해야 한다.

· 영향성

사회적인 파급력이 크다고 판단되는 사건일수록 기사로서의 가치도 높다. 많은 사람에 얼마만큼의 영향을 미치는지에 따라 기사의 가치가 정해진다. 또 언론은 국민의 생활에 크게 영향을 미치는 사건에 대해서는 신속히 알려야 할 의무가 있기에 영향성은 기사의 중요한 판단 가치가 된다. 예를 들어 코로나19나 대통령 선거 등과 같이 시민에게 직접적인 영향을 끼치는 사건은 주요 뉴스거리가 된다.

· 갈등성

특정 사건이나 정책 등을 두고 사회 구성원들의 갈등이 높을수록 기사 가치가 높다. 미국산 수입 쇠고기, 4대강 등과 관련한 보도가 대표적이다. 대립과 긴장 상황은 독자들의 호기심을 끌기 충분하며, 당사자들에게는 사안을 객관적으로 살펴볼 계기를 제공해 언론이 갈등 조정자의 역할도 할 수 있다.

· 흥미성

인간적 흥미를 불러일으키는 미담, 범죄, 성(性), 스포츠와 관련한 뉴스는 보도할 만한 가치가 있다고 본다. 이러한 흥미성은 포털의 등장으로 더욱 중요한 요인으로 작용했다. 2007년 9월 3일에서 12일까지 10일간 네이버와 다음의 프론트 페이지 기사를 분석한 연구 결과에 따르면,

'인간적 흥미성'이 포털뉴스에서 매우 자주 등장하는 뉴스 가치임을 확인할 수 있었다. 그러나 흥미성을 뉴스 보도의 우선 가치로 삼으면 저널리즘의 공적 기능을 하락시킬 우려도 있다.

· 심층성

사회 구조적인 문제에서 기인한 사건은 단순 보도로 설명하기 어려운 복잡성을 띤다. 이러한 심층성은 후속 사건을 유발하고 독자와의 상호작용과 참여를 유도한다. 또한 진실을 추구하는 저널리스트의 본성을 자극한다. 대표적인 심층보도는 1987년 동아일보의 박종철 군 고문치사 사건 보도다.

독자에게는 사건의 맥락을 보여줌으로써 몰입을 높여 기사 공유와 같은 적극적 행위를 낳는다. 심층성은 윤리적 가치로 분류됐지만, 언론 보도가 독자의 반응과 참여가 쉽게 일어나는 인터넷 중심으로 바뀌면서 중요한 뉴스 가치로 떠오르고 있다.

기사 작성 원칙

기사는 의견이나 주장을 배제하고 사실만을 담아 작성하는 것을 원칙으로 한다.

기사의 가장 큰 목적은 '사실 전달'이다. 그렇기에 기사는 소설처럼 장시간 독자들을 붙들거나 장문으로 작성하지 않고 간결함을 유지해야 한다, 다른 말로 목적성이 강한 경제적인 글이라고 표현하기도 한다. 이를 위해 기사 작성은 △정확성(Correct) △간결성(Concise) △명료성(Clear)의 앞 글자를 딴 '3C원칙'에 따른다.

기사는 육하원칙에 맞춰 작성하되 정확한 용어와 단어를 사용하는 게 좋다. 가급적 단문을 쓰고, 중학교 학력 수준의 독자 눈높이에 맞게 작성해야 한다. 그래야만 객관적 사실을 왜곡 없이 어렵지 않게 독자들에게 오롯이 전달 가능하다. 그밖에 수동형보다는 능동형을 사용하고, 전문용어는 쉽게 풀어쓰는 등 독자의 이해를 돕는 표현을 사용하도록 한다.

기사 작성을 위한 문장법 구성법

디지털 저널리즘에서 그래픽, 사진, 영상은 기사 본문을 보조하는 역할에 그치지 않는다. 시각 자료가 독자에게 미치는 글은 지 혼자 기분으로 씨시는 인 되고 쓰는 재미에 취해서 쓰기만 해서는 안 된다는 사실을 오늘날 이 땅에서는 누구든지 엄숙한 마음으로 깨달아야 한다고 생각한다. 친구끼리, 이웃끼리 나눠보

는 정도의 글도 그 친구와 이웃들의 삶을 높여주는 글이 되어야
하겠지만 더구나 온 나라 사람들이 읽으라고 내놓은 글이 값싼
이야기를 장난삼아 써놓거나, 세상일을 바로 볼 수 없도록 하는
안개를 피우는 글같이 되어 있으면 용서할 수 없다.

쉬운 표현으로 작성한다.

기사는 초등학생도 이해할 수 있도록 써야 한다. 어려운 단어
를 늘어놓거나 복잡한 문장구조를 사용한다고 해서 멋있는 글이
아니다. 글을 모르는 노인에게 들려준다는 태도로 쓴다.

문장은 짧게 작성한다.

긴 문장을 읽다 보면 앞에서 무슨 이야기를 했는지 알기 힘들
다. 짧고 간결한 문장으로 쓴 기사보다 가독성 좋은 기사는 없
다.

대화하듯 작성한다.

한글로 썼을 때 그 뜻을 알아차릴 수 없는 말은 쉬운 우리말로
바꿔 쓴다. 말이 글보다 먼저다.

중복 표현, 빼도 상관없는 단어는 모두 삭제한다.

선배가 후배에게 같은 이야기를 반복하면 짜증나듯, 독자도 중복 표현·중복 설명이 많은 기사를 보면 쉽게 질린다.

가급적 능동형으로 표현한다.

'남자가 개한테 물렸다'라는 수동적인 표현보다 주체가 명확한 '개가 남자를 물었다'가 전달력 높다.

부사, 형용사, 접속사 사용을 자제한다.

수식어는 기사의 감동을 떨어뜨린다. 유혹하는 글쓰기를 쓴 스티븐 킹은 '지옥으로 가는 길은 부사로 덮여 있다'고 했다.

직유, 은유는 쓰지 않는다.

'흔히 본'이라는 표현을 '불 보듯 뻔하다'로 쓸 필요 없다.

한자말, 일본 말투, 어색한 번역 표현을 버린다.

'~적', '~의', '~것', '~들'(의존명사)은 쓰지 않는다.

초고보다 중요한 것이 퇴고다.

'글은 쓰는 것이 아니라 고치는 것'이라는 말이 있다. 효과적인 퇴고 방법 중 하나는 '소리 내서 읽는 것'이다. 운율과 호흡을 확인한다. 교육자이자 우리말 연구가인 이오덕 선생은 글을 다듬는 과정에서 눈여겨볼 점을 아래와 같이 정리했다.

: 본래 하고 싶었던 말이 제대로 쓰였는가

: 재밌게 읽히도록 쓰였는가

: 사실에 맞는 이야기가 되어 있는가

: 표현이 정확한가

: 쉬운 말로 쓰였는가

: 단락을 잘 지어 놓았는가

: 맞춤법과 띄어쓰기가 잘되어 있는가

출처 : 쿠키뉴스 취재보도 가이드북

기사의 종류

기사는 종류는 크게 길이와 내용에 따라 스트레이트 기사(Straight news)와 피처 기사(Feature story)로 나눌 수 있다.

스트레이트 기사는 사실을 있는 그대로 독자에게 빠르게 전달하기 위한 것을 목적으로 한다. 보통 역피라미드형 구조를 띠며 육하원칙(5W1H)인 누가(Who), 언제(When), 어디서(Where), 무엇을(What), 왜(Why), 어떻게(How)가 담긴 문장을 사용해 짧게 작성한다. 간결한 형태로 작성되는 스트레이트 기사가 빛을 발하기 위해서는 첫 문장으로 칭해지는 '리드'(Lead)의 효과적인 작성이 필요하다.

피처 기사는 사건을 심층적으로 설명하기 위한 것으로 기자의 시각이나 의견이 들어가기 때문에 기사의 길이가 다소 긴 경우가 많다. 피처 기사는 '어떻게'와 '왜'의 기준으로 글을 전개하며, 신선한 관점에서 사건 기술, 재구성, 과거 사건에 대한 분석, 미래에 대한 환기 등의 형태를 가진다. 이 외 해설·분석기사, 인터뷰, 탐사·기획보도, 르포, 비평, 칼럼 등 다양한 형태의 기사들이 있다.

기사의 구조

기사를 구성하는 3가지 요소는 크게 '제목'(Headline)과 '리드'(Lead),

'본문'(Body)이다. 좀 더 세분화하면 보면 '제목-부제목-리드-본문-소제목-후문'으로 나눌 수 있다.

'제목'(Headline)은 기사의 얼굴이자 간판으로 독자들이 제목에 따라 기사를 읽게 되므로 가장 중요하다고 할 수 있다. 제목은 보통 한눈에 기사의 내용이 요약되는 형태(예: 서울시, 임신부 대상 독감 무료 예방접종)가 가장 많이 쓰인다. 유명 인사의 발언이 제목이 되는 형태(예: 尹 대통령 "올림픽 정신으로 세계 평화 위협 극복"), 서술어로 끝나는 형태(예: 레고랜드 사태, 지방 돈줄 말라간다), 의성어와 의태어를 쓰는 형태(예: '승부수 던진 安…국민의당 내부는 '시끌'). 리스트 형식을 취하고 있는 형태의 제목(예: 불황 속 실패 없는 투자 비법 5가지), 퀴즈 형식의 제목(예: 굴지의 대기업, 성공 비결은 OO 마케팅) 등으로 구성된다.

주의해야 할 점은 제목 작성에 있어 제목과 본문의 내용이 일치해야 한다는 점이다. 다시 말해 기사 내용을 과장, 축소, 왜곡하지 않도록 주의해야 한다. 또 클릭 수를 높이기 위해 기사 내용이 제대로 반영되지 않은 이른바 낚시성 제목이나 주의를 끌기 위한 선정적인 제목 사용도 지양해야 한다. 부제목은 제목에서 다 담지 못한 내용을 넣는 경우가 일반적이다.

'리드'(Lead)는 전문(前文), 요약문, 서문이라고도 부르며, 기사의 첫 문장이나 첫 단락을 지칭한다. 리드는 보통 기사의 핵심 요약문의 성격을 갖고 있으며, 독자들이 끝까지 기사를 읽도록 관심을 끌게 하는 영역이다. 리드를 정의하자면 기사 제목과 본문을 연결하며 독자의 호감과 관심을 끌고 이해를 도와 끝까지 기사를 읽고 싶어 하는 마음이 들게 하는 부분이라고 할 수 있다.

리드는 제목 일치형, 요지 제시형, 관심 유도형, 문제 제기형, 인용형 등 다양하다. 본문은 리드를 뒷받침하는 내용으로 이뤄졌으며 중요도에 따라 보충 사실, 세부 사실, 추가 사실 순으로 작성한다. 본문 내용은 기사 주제와 관련된 인용, 사건 배경, 원인, 결과, 통계 인용, 사례, 일화 등으로 이뤄진다. 후문에는 보통 전망이나 시사점 등을 제시한다.

서울택시 기본요금 4800원으로 오른다...기본거리도 400m 줄어

**심야할증시간 두시간 늘고 할증률도 확대
시, 경로당 에너지효율 개선에 560억 투입
온실가스감축 · 환경개선...두마리 토끼잡는다**

【투데이신문 윤철수 기자】내년 2월부터 서울 택시 기본요금이 3800원에서 4800원으로 인상된다. 서울지 물가대책위원회는 25일 택시 심야할증 및 요금 조정(안) 심의를 완료했다고 밝혔다.

이에 따라 내년 2월1일부터 서울택시 승객들은 현재보다 1000원 오른 4800원의 기본요금을 지불해야 하고, 기본 거리도 현행 2km에서 1.6km로 400m 더 줄어든다. 심야 탄력요금제는 오는 12월1일부터 도입하기로 했다.

이와 함께 자정부터 익일 오전 4시까지인 심야 할증시간은 밤 10시부터 적용돼 2시간 더 늘어나고, 20%로 일률 적용되던 심야 할증률은 시간대별로 나눠 20%에서 최대 40%까지 확대된다.

그동안 심야 할증이 없었던 모범 · 대형택시에도 12월1일부터 심야 할증 · 시계외할증 20%가 도입된다. 현재 6500원인 기본요금은 내년 2월1일 7000원으로 조정된다.

서울시는 또 노후 경로당의 에너지효율을 높이는 저탄소 건물 확산을 위해 2026년까지 5년 동안 560억원을 투입, 총 321개소의 에너지 성능을 대대적으로 개선한다.

경로당 에너지효율 개선사업은 서울지역 온실가스 배출의 69%로 많은 비중을 차지하는 건물 부문의 감축효과를 극대화하는 동시에, 기후변화 취약계층인 어르신 이용 공공건물의 실내 환경을 보다 쾌적하게 바꾸기 위해서다.

2020년부터 단계적으로 공사를 시작한 해당 사업은 현재까지 총 18개소가 준공됐다. 이를 통해 연간 약 8400만원의 전기요금 절감(연간 약 764,498kWh 절감) 효과를 거둘 것으로 기대된다.

기사 구조의 유형

　기사 내용을 효과적으로 전달하기 위해서는 기사 구조도 사전에 고려하여 기획해야 한다. 기사의 핵심을 어느 위치에 배치하는지에 따라 크게 '역피라미드형', '피라미드형', '혼합형'으로 구분할 수 있다.

역피라미드형

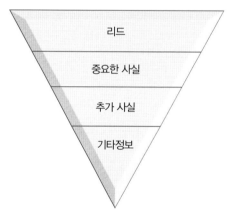

　역피라미드형은 기사의 요지를 서두에 제시하고, 나머지 부연 설명을 쓰는 방식이다. 이러한 형태는 전신 기술의 발달과 더불어 19세기 말 미국 AP통신사에 의해 개발된 것으로 알려져 있다.

　기사를 전보로 송고하던 시기에는 불안정한 통신수단 때문에 송고가 갑자기 중단될 수도 있어 중요한 정보 순으로 압축된 기사인 역피라미드형 기사가 나오게 된 것이라는 분석이다. 현재 통신수단이 고도로 발달했음에도 기사 대부분이 두괄식의 역피라미드형 스트레이트 기사 형태를 띠고 있다. 주로 빠른 정보 및 소식 전달을 위한 사건 · 사고 기사에 주로 쓰인다.

역피라미드는 객관성과 짝을 이룬다. 주관성을 배제하고 사실(fact)만을 담은 기사를 작성할 때 역피라미드형이 적합하다. 그러나 리드나 첫 문장이 관점을 정하면, 반대 관점이나 다른 시각이 들어갈 여지가 없어 결국 역피라미드형은 관점을 강화하는 쪽으로 작용하게 되는 '역피라미드 구조를 통한 초점화'가 발생한다.

형식적인 객관주의에 빠지지 않고, 어떻게 하면 저널리즘의 가치를 지키며 기사를 작성해야 할지 기자들의 깨어 있는 의식과 노력이 필요하다.

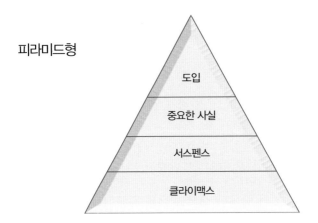

피라미드형

도입

중요한 사실

서스펜스

클라이맥스

피라미드형은 역피라미드와 정반대로 미괄식으로 문학적 유형 혹은 연대기적 유형이라고도 하는데 주로 의견 기사에 사용된다. 리드에서는 기사의 흥미를 북돋아주는 내용이 나온다. 그 뒤에 중요한 사실 순으로 내용이 전개된 다음 긴장감을 주는 서스펜스를 형성한 뒤 마지막 부분에서 결론, 기사의 핵심을 전달한다.

기승전결의 4단 구조로 전개되며, 보통 사건이 발생한 순서대로 작성한다. 미국에서는 이야기체 기사, 소설체 기사라고도 부른다. 이러한 기사는 주제가 처음부터 드러나 식상함을 느끼게 하는 역피라미드형과 달리 독자들을 끝까지 붙들어놓는 흡인력을 발휘한다.

혼합형

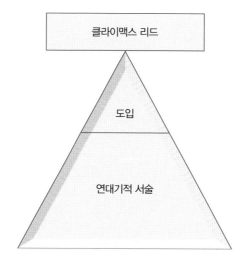

혼합형은 역피라미드형과 피라미드형이 결합한 두미쌍괄식의 구조다. 역피라미드형처럼 핵심 내용을 리드에 쓰고, 본문은 피라미드형으로 서술한다. 본문은 연대기적 서술 방식을 취해 몇 가지의 사실을 묶어서 전하는 스트레이트 기사나 인터뷰 기사 등에서 많이 쓰인다.

보통 '서론-본론-결론'의 3단 논법의 글에 사용된다. 기사의 길이가 긴 경우 스트레이트와 해설, 내러티브가 혼합된 형태가 나타나기도 한다.

취재의 기본

취재기법

표준국어대사전에 따르면 취재(取材)란 "기사에 필요한 재료나 제재 (題材)를 조사하여 얻음"이라는 뜻이다. 기사의 핵심이 되는 내용을 발굴 하는 단계로 저널리즘에서 가장 중요한 과정이라고 할 수 있다. 주요 취 재기법은 남재일 · 박재영의 분류에 따라 '현장 스케치', '현장 관찰자료 분석', '문헌 자료 분석', '설문 조사 결과 분석', '당사자 인터뷰', '관계자 인터뷰', '전문가 인터뷰', '인터넷 취재' 등으로 나눠볼 수 있다.

'현장 스케치'는 기자가 직접 현장을 방문해 목격하는 것을 담는다. '현 장 관찰자료 분석'은 기자가 현장에서 수집한 자료를 분석하는 방식이다. '문헌자료 분석'은 기관이나 단체의 문헌 자료를 이차적으로 분석하는 것 이다. '설문 조사'와 '결과 분석'은 언론사나 기자가 직접 시행한 설문 조사의 결과나 타 전문 조사기관의 설문 조사 분석 기법이다.

'당사자 인터뷰'는 사건의 피해자나 가해자 등 사안의 당사자를 인터뷰하는 방식이다. '관계자 인터뷰'는 사안의 당사자는 아니지만, 담당 공무원, 사건의 목격자와 같이 관계가 있는 사람들을 인터뷰하는 것이다. '전문가 인터뷰'는 취재하는 사안과 직접 관련이 없지만, 관련 전문적인 경험과 지식이 있어 객관적인 평가 및 해설을 해 줄 수 있는 사람을 인터뷰하는 것이다.

'인터넷 취재'는 웹 서핑, 댓글 인용, 메신저 대화와 같이 인터넷에서 자료를 수집하거나 자료 수집을 위해서 인터넷을 활용하는 것이다. 이러한 취재기법은 주제나 취재원에 따라 다양하게 사용할 수 있다.

기자가 반드시 피해야 할 취재방식이 있다. 기자라는 신분을 숨기고 정보를 캐내는 '위장취재', 신분을 위장해 조직 및 단체에 들어가 취재하는 '잠입 취재', 촬영 사실을 알리지 않는 '몰래카메라', 대화자의 '동의 없는 통화 녹음', 취재원의 대화를 몰래 엿듣는 '도청' 등은 언론윤리에 어긋나는 취재방식이다. 특종과 알 권리를 위한 취재라고 할지라도 인격권과 사생활권 등을 침해하는 이 같은 취재방식은 결국 또 다른 피해를 낳는다. 기자는 목적의 정당성 확보와 더불어 수단의 적법성 또한 확보해야 한다.

취재 보도 용어

현장에서는 알 권리와 공익, 취재원과의 신뢰 측면에서 여러 가치가 충돌하는 경우가 많다. 그러한 과정에서 기자와 취재원 사이에서는 서로 어느 정도 합의된 취재 관행이 자리 잡고 있다. 이에 따라 실제 현장에서는 어떠한 취재 보도 방식을 사용하고 있는지 관련 용어를 살펴보자.

엠바고(Embargo)

'엠바고'는 정부 부처나 단체, 기업 등이 기자들에게 자료를 배포하면서 일정 기간 보도를 보류해달라는 요청을 뜻한다. 보통 보도자료 위쪽에 "O월 O일 O시부터 활용 가능", "O월 O일 O시 이후 출고 부탁드립니다", "OOOO년 O월 O일 조간부터 보도하여 주시기 바랍니다(인터넷, 방송, 통신은 O월 O일부터 보도가능)" 이라며 명확한 보도일시를 밝히고 있다.

엠바고는 보충 취재용 엠바고(발표 내용에 대한 보충 취재가 필요할 때 보도를 유예), 조건부 엠바고(예견된 사건이지만 정확한 시간을 예측하기 어려워 사건이 발생한 이후에 보도하기로 하는 것), 공공이익을 위한 엠바고(국가 안보나 공익을 위해 일정 시점까지 보도를 유예), 관례적 엠바고(재외공관장 이동이나 협정, 회담 개최와 관련해 공식발표가 있기 전까지 보도를 중지하는 것), 발표 자료 엠바고(취재원이 정기적으로 발표하는 자료는 미리 입수하더라도 공식적인 발표 전에는 보도하지 않는 것) 등으로 나눠볼 수 있다.

	보 도 자 료	다시, 대한민국! 새로운 국민의 나라	
보도 일시	2022. 6. 9.(목) 06:00 (목요일 석간)	**배포 일시**	2022. 6. 7.(화)
담당 부서		**책임자** 과 장	
		담당자 사무관	

다회용기 재사용 활성화…민관 발전방향 머리 맞대
- ░░░, 중소업체 및 지자체와 미래자원순환 토론회 개최 -

□ ░░░░ ░░░는 6월 9일 오후 서울 서초구에 위치한 엘타워 별관에서 다회용기 재사용 활성화를 위한 '미래자원순환 토론회(포럼)'를 개최한다.

  ○ 이번 토론회는 다회용기 재사용 사업을 추진하고 있는 중앙부처 및 지자체 관계자를 비롯해 다회용기 보급·회수·세척사업을 하고 있는 중소기업, 지역자활단체 등이 참여한다.

□ ░░░는 이번 토론회에서 다회용기 재사용 촉진 지원 국고보조사업과 1회용기를 대체하는 다회용기 재사용 정책을 소개한다.

  ○ 보건복지부는 자활기금 지원 정책과 기금 지원을 받는 지역자활단체의 다회용기 재사용 사업을 소개한다.

▲ 일반적인 형태의 공공기관 보도자료

【엠바고】 보도자료

보도	9. 4(일) 오전9시	배포	2022. 9. 2(금)

– 기후위기 극복 위한 친환경 ESG경영 실천 –

 '우리동네 1.5℃ 낮추기 공모전' 열어

- 미래세대 기후위기 극복 위한 '우리동네 1.5℃ 낮추기 공모전' 후원
- 쉽게 실천 가능한 생활 속 아이디어와 제도 개선 등 실생활 제안 공모
- "환경을 위한 생활 속 제안 통해 ESG 문화 확산 기여할 것"

은 ███ ███와 함께 미래세대 기후위기 극복을 위한 '우리동네 1.5℃ 낮추기 공모전'을 개최한다고 4일 밝혔다.

올해로 2회차를 맞이하는 '우리동네 1.5℃ 낮추기 공모전'은 지구의 평균기온 상승을 산업화 이전 대비 1.5도 이하로 유지해야 한다는 유엔기후변화협약에 따라, 미래세대를 살아갈 청소년에게 기후위기에 대한 인식을 확산하기 위해 마련됐다.

이번 공모전은 기후위기 극복을 주제로 생활 속에서 쉽게 실천할 수 있는 방법이나 제도 개선, 사회적 제안, 홍보 캠페인 등의 방법을 자유영상 또는 아이디어 분야로 나눠 접수받는다.

공모자격은 만 7세부터 18세까지이며, 전국 초·중·고 재학생 및 청소년 누구나 개인 또는 팀(5명 이하)으로 참여할 수 있다.

▲ 엠바고 요청 보도자료

엠바고는 취재원과 기자 사이 신사협정의 성격으로 강제성이 약해 파기되기 쉽다. 만약 기자가 엠바고를 파기하고 보도할 경우 출입처의 출입이 일정 기간 불가능하게 되는 등 제재를 받게 된다. 그러나 이러한 엠바고는 국민의 알 권리를 제약하기 때문에 문제가 있다는 지적도 있다.

【엠바고】9월 4일(일) 오전 9시 이후, 인터넷 출고 요청드립니다.

보 도 자 료

- 기후위기 극복 위한 친환경 ESG경영 실천 -
█████, '우리동네 1.5℃ 낮추기 공모전' 열어

▲ 엠바고 요청 안내

오프 더 레코드(Off the Record)

'오프 더 레코드'는 취재원이 제공한 정보나 발언을 보도하지 않는 것을 뜻한다. 취재원의 정보는 참고 자료로만 써야 하며, 익명으로도 보도하면 안 된다. 언론의 자유의 측면에서는 배치되는 측면이 있지만, 취재원 보호와 취재원과의 신뢰를 위해 오프 더 레코드는 지켜야 한다. 그런데도 알 권리와 공익을 판단 기준으로 삼아 보도 여부를 결정해야 할 것이다.

반대로 취재원으로부터 확보한 내용을 모두 기사화하기로 하거나 신분을 밝혀 보도하기로 하는 것을 온 더 레코드(on-the-record)라고 한다. 취재원이 취재 내용 일부분에 대해서 오프 더 레코드를 요구하거나 온 더 레코드였다가 오프 더 레코드를 부탁하는 경우도 있다.

배경설명(Background)

'배경설명'은 관계자, 당국자, 소식통과 같이 취재원 출처를 밝히지 않고 보도하는 것을 말한다. 보통 익명의 취재원이 보도된 사안과 업무적 연관성이 있으면 '관계자', 보도된 사안에 대해 책임질 위치에 있으면 '당국자', 보도된 사안과 직접적인 연관성이나 책임성은 없지만, 그 분야에 대해 해박한 지식이나 정보를 갖고 있으면 '소식통'으로 표현돼 왔다.

백그라운드 브리핑(백브리핑)은 공식적인 브리핑이 끝난 후 비공식적으로 이어지는 브리핑으로 익명 보도를 전제로 한 대언론 설명이다. 딥 백그라운드(Deep background)는 내용은 써도 되지만, 취재원이 누군지 알 수 없도록 '~할 전망이다', '~로 보인다'와 같은 간접 표현을 사용해야 한다는 뜻이다.

언론 기본 용어

- **데스크(Desk):** 기사의 취재 및 편집을 지휘하는 직위에 있는 사람
- **데스킹(Desking):** 언론사 팀장급 이상의 직책을 가진 이가 기자에게 취재 지시를 내리고 기사를 검증 및 수정하는 작업 전반을 이르는 말
- **데드라인(Dead Line):** 기사 마감 시간
- **프레임(Frame):** 뉴스의 선택, 강조, 배제 등을 통한 현실 해석의 틀
- **바이라인(Byline):** 기사 끝에 붙는 기자명

- **엠부시(Ambush):** 취재원의 이동 경로에서 기다리다 시도하는 인터뷰

- **집시표:** 일일 집회 행사 일정표

- **출입처:** 기자 개개인이 맡고 있는 취재 관할 영역

- **기자단:** 같은 출입처 기자들끼리 모여 조직한 단체

- **풀 기자(Pool):** 공동의 목적을 위하여 각출한 기자이라는 의미로 대통령 해외순방이나 국빈초청 등의 경우에 주로 일정 수의 기자를 대표로 선정해 진행하는 취재

- **풀 단:** 풀 기자들이 모여 구성된 일시적인 취재 조직

- **기자실(브리핑룸):** 기자단이 상주하는 공간

- **라인:** 경찰서를 권역별로 4~5개 묶어서 이르는 말

- **취재원:** 기사 소재가 되는 뉴스거리 수집과정에서 만나는 개인이나 기관을 뜻하며, 넓게는 취재 과정에서 얻은 자료까지 포함하는 개념

- **비익권:** 언론사나 기자가 수집한 정보의 출처를 어디에서, 누구로부터 입수했는지를 밝히지 않고 거부할 수 있는 권리

- **딥 스로트(Deep Throat):** 익명의 내부 고발자

언론계 은어

- **야마:** 기사의 핵심이 되는 주제

- **우라까이:** 일명 베끼기, 리라이팅(rewriting)의 개념으로 다른 기사를 참고해 바꿔 쓰기

- **마와리**: 취재를 위해 출입처를 순회

- **도꾸다니(네)**: 특종이나 단독 취재

- **도꾸니끼**: 특종을 빼앗기거나, 다른 언론사들이 기사화한 내용에서 홀로 제외

- **나와바리**: 담당 영역

- **마와리**: 기사 소재확보 및 취재를 위한 경찰서 순회

- **물먹다**: 같은 출입처의 타사 기자가 특종 기사를 써 낙종(특종을 놓침)했을 때를 의미

- **액물**: 단독으로 특종을 하여 다른 언론사들을 물 먹이는 것

- **뻰치기**: 피의자가 장시간 동안 경찰 조사를 받을 때 취재를 위해 무기한 대기

- **벽치기**: 비공식 회의나 대화 등을 엿듣는 행위

- **냄새**: 취잿거리가 될 만한 사건의 기미

- **킬**: 기사를 보도하지 않거나 취재를 종료하는 것

유형별 기사 작성과 이해

기사의 영향력과 파급력은 실로 강력하다. 역사적 위기 속에서 기사는 큰 영향을 미쳐왔다. 기사는 여론과 정책, 일상 등 삶의 전반을 바꿀 만큼 강한 힘을 발휘했다. 그렇기에 기사는 '잘' 써야 한다.

이렇듯 사회에 영향력을 미치는 기자는 기사 쓰기를 소홀히 해서는 안 된다. 현장에서는 속보, 단신, 인터뷰, 내러티브, 르포, 팩트 체크 등 다양한 형태와 내용으로 기사를 쓴다. 같은 주제일지라도 기사를 어떻게 쓰느냐에 따라 독자에게 미치는 영향도 크게 달라진다.

이번 파트에서는 현장에서 자주 쓰이는 기사 종류인 △스트레이트 기사 △스토리형 기사 △인터뷰 △르포 △기획 기사는 어떻게 작성하는지 살펴보도록 하겠다.

스트레이트 기사

　스트레이트 기사는 가장 일반적인 유형의 기사로 보통 역삼각형의 구조를 띠며 제목, 리드, 본문의 형태로 이뤄진 기사다. 기자의 의견을 넣지 않고 객관적인 사실만을 담고 있다. 그 때문에 육하원칙에 따라 사실을 간결하게 담고 있어 단신 기사의 형태를 띤다. 예문을 통해 스트레이트 기사의 특징과 작성법을 알아보도록 하겠다.

		○○일보
대제	⇨	**"사채빚 때문에"… 종로 금은방서 귀금속 훔친 30대 구속** 입력 2022.11.11. 오후 6:04 ○○○기자
리드	⇨	사채빚 때문에 금은방에서 귀금속을 훔친 30대 남성이 경찰에 붙잡혔다.
범행 개요	⇨	서울 종로경찰서는 특정범죄가중처벌법 위반(절도) 혐의로 김모(34) 씨를 구속했다고 20일 밝혔다.
범행 내용	⇨	경찰에 따르면 김 씨는 지난 18일 오전 7시 10분경 서울 종로구의 한 금은방에 들어가 3000만 원 상당의 귀금속을 훔쳐 달아난 혐의를 받고 있다.
범행 동기	⇨	경찰 조사 결과 김 씨는 잇따른 사업실패로 수억원 상당의 사채빚을 지게 돼 이 같은 범행을 저지른 것으로 확인됐다.
경찰 멘트	⇨	경찰 관계자는 "현재 김 씨를 상대로 정확한 사건 경위와 여죄 등을 조사하고 있다"고 말했다.

가상의 사건을 바탕으로 작성한 스트레이트 기사다. 첫 문장에서는 30대 남성이 사채 빚을 해결하기 위해 절도를 저질렀다는 내용이 나온다. 이어 범행 발생일시와 규모, 동기 등의 내용이 자세히 나온다. 스트레이트 기사는 역삼각형 구조로 가장 중요한 정보가 제일 먼저 나오고 그다음 중요한 순서대로 내용이 나오고 부수적인 내용은 뒤쪽으로 배치한다.

예시 기사에서도 볼 수 있듯이 주관적인 설명이나 진술 등은 보이지 않고, 경찰을 통해 확보한 객관적 사실만 기술돼 있다. 이러한 형식에는 사건, 사고, 재판 등의 기사에 적합하다. 또 기사의 가치 중 '신속성'이 중요한 판단 기준이 돼 빠른 보도가 필요한 경우에 알맞다.

기사는 '누가', '언제', '어디서', '무엇을', '어떻게', '왜'에 해당하는 구체적 사실을 전달하기 위해 육하원칙에 따라 작성한다. 사용하는 문장과 단어 역시 정확하고, 명확하고 간결하게 써야 한다. 기사의 리드에서는 기사의 가장 중요한 내용을 압축적으로 담는다. 해당 문장만 읽어도 기사의 내용을 짐작할 수 있도록 작성한다. 또 간결하고 알기 쉽도록 리드는 짧게 쓸수록 쓰는 게 좋다. 그리고 이어지는 본문에서는 전문을 부연 설명하는 내용이 담긴다. 기사 작성 시 의견을 담으려면 관계자 멘트로 정리해서 전달한다.

스트레이트 기사는 사실을 바탕으로 한 객관적인 보도라고 하지만 리드에서 어떠한 부분을 강조하느냐에 따라 독자들에게 특정 내용이 강조될 수 있다. 해당 예문의 사건의 경우 사채라는 범행동기에 초점을 맞춰 작성할 수도 있고, 범행 규모에 초점을 둬 작성할 수 있다. 스트레이트 기사는 단순한 사실 전달에 그치지 않는, 기자의 사건을 보는 눈과 역량이 발휘되는 기사임을 고려해 기자의 중립적이고 객관적인 관점이 필요하다.

스트레이트 기사는 보통 정부나 기업이 제공하는 보도자료를 바탕으로 작성된다. 특정한 취재원이 알리고 싶은 내용만 선택적으로 제공한 정보이기 때문에 객관적인 정보나 사실로만 보기 어렵다. 당연히 보도자료 속 내용만을 그대로 믿고 보도하면 안 된다. 보도자료를 바탕으로 기사를 작성할 시에는 객관적인 정보를 추출하고 담아내는 능력이 필요하다. 필요에 따라 보도자료 내용에 관한 취재를 진행해 객관적인 사실과 맥락을 파악해야 하며, 과도한 홍보성 내용은 배제해야 한다.

스트레이트 기사 작성 원칙

‒ 중요한 내용 순으로 적어라

‒ 육하원칙에 따라 써라

‒ 짧게 써라

‒ 사실을 중심으로 객관적으로 써라

‒ 쉽고 간결하게 써라

스토리형 기사

　천편일률적인 스트레이트 기사에서 벗어난 스토리형 기사가 주목받고
있다. 이야기를 듣고 말하기를 좋아하는 인간의 속성을 생각하면 스토리
형 기사는 기사에 대한 몰입을 높이고, 재미를 줌으로써 좀 더 오래 내용
을 기억할 수 있게 해 독자들에게 더 큰 영향력을 미칠 것이다.

　긴 길이에 스토리가 있는 기사, 소설처럼 1인칭 시점으로 기술한 기사
와 같은 내러티브(Narrative, 일련의 사건들을 이야기 형태로 서술하는
기법) 저널리즘에 따르는 스토리형 기사는 스트레이트 기사의 대안으로
떠오르고 있다. 사안보다 인물에 초점을 둬 독자에게는 읽는 재미와 몰
입감을 선사한다. 이러한 기사는 새로운 관점과 풍부한 맥락을 제공해
독자가 기사 주제에 대해 더욱 깊이 있게 이해할 기회를 제공한다.

　그러나 스토리형 기사는 기사의 구성과 표현 부분에서 스트레이트 기
사와 비교하면 주관성이 강하게 담길 수밖에 없는 만큼 직접적인 표현보
다는 묘사와 같은 간접적인 표현으로 기사의 객관성을 지키기 위해 노력
을 해야 한다. 실제 예문을 통해 스토리형 기사의 특징과 작성법을 알아
보도록 하겠다.

[꿈의 가격 ③] '300/30' 반지하 래퍼는 결국 평범한 직장인이 됐다

박세진 기자 박효령 기자 | 승인 2022.08.24 16:31

【투데이신문】 아무런 연고도 없는 이곳, 서울 땅에서 참 많이 울었다. 평생을 눈물 없이 살아왔던 그였다. 어떤 시련과 고난이 길을 막아서도 보란 듯이 헤쳐 나갔다. 그 탓일까. 스스로가 정말 강한 사람인 줄만 알았는데, 그게 아니었다. 착각이었다. 그렇게 벌거벗은 자신을 마주했을 때, 거대했던 그가 무너졌다. 고작 돈 몇 푼 때문에. 텅 빈방 안엔 축축한 울음소리만 가득했다. 그날 청년의 방 안에는 알 수 없는 무력감이 출렁였다.

하염없이 울고, 또 울었다. 이런 자신이 마치 난파선 같게만 느껴졌다. 거대한 바닷가에 표류하는 난파선. 그래도 그에겐 꿈이 있었다. 꿈이 있기에 버틸 수 있었다. 야윈 어깨에 걸친 가방. 그 속에 들어있는 짐은 옷도, 돈도, 음식도 아니었다. 오직 꿈 하나였다. 혹여나 누가 훔쳐갈세라, 어디 흘러버릴까 봐 가방 지퍼를 꽉 잠갔던 그다. 하지만 이곳은 서울, 눈 뜨고 코 베여 간다는 곳이 아닌가. 나 홀로 서울살이를 버텨내는 동안 야금야금 도둑맞은 꿈은 온 데 간 데 사라지고 없다. 먼지 쌓인 가방만 바라보는 그다.

청년은 세상 그 어떤 단어를 조합해도 그때 당시의 감정을 표현할 수 없다고 말한다. 모든 것을 잃은 기분. 하나뿐인 꿈조차 지킬 수 없는 현실이 사무치게 미웠다. 우울감이 온몸을 어루만질 때면 미친 듯이 한강 변두리를 걸었다. 한강 수면 위로 비치는 빌딩 불빛은 눈부시게 빛났지만, 청년의 삶은 한 치 앞도 볼 수 없을 만큼 어두웠다. 이 땅에서 청년은 평생 모르고 살았던 어둠을 알게 됐고, 서울은 여전히 그 어둠을 몰랐다. 이루지 못한 꿈은 소년을 어른으로 만들었다.

300/30. 관리비 별도. 반지하. 화장실 없음.

박동진(26 · 가명) 씨의 꿈은 래퍼였다. 글 쓰는 행위를 누구보다 사랑했던 그였다. 하얀 종이 위에 형형색색의 볼펜으로 글을 써 내려갔다. 때론 가슴 따뜻한 사랑 이야기를, 때론 꿈에 대한 희망찬 이야기를 꾹꾹 눌러 담았다.

하나, 둘 글이 쌓여갈 때쯤, 문득 내가 쓴 글에 또 다른 생명을 불어넣고 싶었다. 무대 위에 올라가 직접 내가 쓴 글을 읊조리는 상상을 했다. 글과 노래로 누군가에겐 공감과 위로를, 또 다른 누군가에겐 희망과 행복을 주고 싶었다. 23세, 아직 어린 그가 맨몸으로 서울 땅에 뛰어든 이유다.

"서울엔 더 좋은 직장이 많아. 거기서 일하면서 많은 것을 느껴보고 싶어"

군대를 전역함과 동시에 고향 땅을 등졌다. 사랑하는 부모님에겐 서울로 향할 수밖에 없는 이유를 말하지 않았다. 당연하게 지원을 바랄 수 있는 부유한 집안이 아니었기에. 아들의 걱정을 나눠드리고 싶지 않았다. 내가 가진 걱정은 온전히 나 혼자 짊어지고 싶었다. 내가 선택한 삶이고, 내가 선택한 꿈이다. 힘들다 응석 부리기엔, 이미 부모님의 어깨에 짊어져 있는 짐이 너무나도 선명했다.

부모님을 안심시켜드리기 위해 거짓말을 했다. 서울엔 더 좋은 직장이 많다는 거짓말. 당장 서울 땅에서 면접 본 곳도, 오라는 곳도 없으면서. 허울 좋은 거짓말로 부모님을 안심시켰다. 부모님은 떠나는 아들을 말리지 않았다. 그렇게 꿈 많은 청년은 고향 땅을 떠났다. 동진 씨가 그토록 사랑하던 부모님은 멀어지는 아들의 등만 바라봤다. 무엇이든 열심히 하라는 말과 함께.

—중략—

서울에서의 경험을 녹여낸 자기소개서는 서서히 빛을 발휘하기 시작했다. 타향살이에서 얻은 추진력과 서글서글한 성격을 높게 평가한 한 식품업체는 그를 영업 관리 신입사원으로 채용했다. 취업에 성공한 동진 씨는 가장 먼저 가족에게 알렸다. 그의 부모님은 늘 그랬듯 동진 씨를 응원했다. 사회 구성원의 일부로서 첫발을 뗀 새내기 직장인은 묵묵히 자기 밥값을 해나가기 시작했다.

월급이 오르고, 연차가 쌓일수록 동진 씨의 살림은 풍족해져갔다. 꿈을 좇아 허덕이던 지난날과는 꽤 다른 삶을 살고 있다. 차곡차곡 모은 돈으로 그토록 원하던 차량도 구입했다. 본인의 힘으로 혼자 살기 충분한 전셋집도 구해서 살아가고 있다. 그런데 그의 가슴 한편이 자꾸만 공허하다. 소중한 꿈을 지키기 위해 치열하게 살았던 그때가 잊히지 않는다. 동진 씨는 꿈을 좇던 그 젊은 날에 가장 살아 있음을 느꼈다고 전한다.

"꿈을 좇던 그날, 제 생에 그런 날이 또 올까 싶어질 정도로 살아 있음을 느꼈습니다. (기자님이 보셨을 때) 지금의 저는 어떤 모습인가요. 현실에 순응한 저는 죽어 있나요, 살아 있나요."

예문으로 소개한 기사는 청년 빈곤을 다룬 기사다. 꿈을 이루기 위해 청년들이 얼마나 큰 비용과 노력을 지불하는지 살펴봄으로써 청년 빈곤의 본질적인 문제는 무엇이며 사회적 안전장치로 무엇이 필요한지 알아보고자 한다.

기사는 박동진 씨의 이야기를 통해 청년 빈곤 문제를 효과적으로 독자들에게 전달하고자 했다. 박 씨의 과거부터 현재에 이르는 시간의 흐름을 볼 수 있는 구성부터 주제에 걸맞은 에피소드, 멘트 담아 완성했다. 짧은 소설을 읽은 듯한 느낌을 준다. 이렇듯 인물(캐릭터)을 통한 기사 전개 기법은 사용한 기사는 몰입감을 높여 A4 네 장 분량의 4,000자에달하는 기사임에도 독자를 끝까지 붙들어 두는 힘을 발휘한다.

이처럼 스토리형 기사는 밀도 높은 글로 승부를 봐야 한다. 직접적인 발언이나 설명에 의존하지 않고, 충분한 취재와 사실 확인을 바탕으로 한 다양한 에피소드와 장면으로 구성해야 한다.

스토리형(이야기) 기사에서 고려해야 할 요소로는 △핵심 정보를 요약 전달하려는 리드 문장 또는 리드 단락이 없다 △갈등, 모순, 사건의 전개가 점증적이다 △기사를 이끌어 가는 주인공이 있다 △인물, 공간, 사건 등에 대한 세부적인 묘사가 있다 등 4가지를 정리할 수 있다. (『스트레이트를 넘어 내러티브로』(한국언론재단), 안수찬, 2007)

또 이야기(내러티브) 기사의 특징으로는 △캐릭터 중심이다 △시민의 눈으로 사안을 바라본다 △실태의 속을 파헤친다 △현장 중심적이다 △마음을 움직이는 글이다 △과정을 중시한다 등으로 꼽을 수 있다. (『내러티브 기사의 작법과 효과』(이채), 박재영, 2020)

이러한 스토리형 기사는 탐사보도의 발달과도 궤를 같이하고 있으며, 기자는 단순한 전달자가 아닌 사실을 기반으로 이면에 숨겨진 진실을 찾는 역할을 한다. 다만 좋은 스토리형 기사를 쓰기 위해서는 장시간에 걸친 심층적인 취재가 선행돼야 하므로 언론사 내부 지원과 기자의 노력, 인내를 요구한다.

인터뷰

인터뷰(interview)란 넓게는 "특정한 목적을 가지고 개인이나 집단을 만나 정보를 수집하고 이야기를 나누는 일"이라고 정의한다.

면접이나 상담을 할 때도 인터뷰가 이뤄진다. 우리는 일상 속에서도 인터뷰의 경험을 많이 갖고 있다고 할 수 있다. 그중 기자의 인터뷰란 개인 간의 대화에 그치지 않는, 취재 수단으로써 기사 발행으로 목적으로 하는 공적 커뮤니케이션이라고 할 수 있다.

인터뷰는 취재기법으로서의 인터뷰(interview technique)와 보도로서의 인터뷰어(interviewer)와 인터뷰이(interviewee)가 만나 나눈 이야기를 기사화한 인터뷰 기사(interview story)로 나눠볼 수 있다.

인터뷰 방법은 매체에 따라 대면 인터뷰, 전화 인터뷰, 서면 인터뷰로 나뉜다. 대변 인터뷰는 직접 만나서 얼굴을 맞대고 진행하는 인터뷰로 가장 높은 수준으로 정보의 공유가 가능하다. 전화 인터뷰는 전화통화로 진행하는 방식이다. 때문에 취재원의 목소리에만 의존한다는 한계가 있다. 서면 인터뷰는 대면이나 전화통화가 어려운 경우에 한해 질의서를 통해 진행하는 방식이다.

인터뷰는 내용에 따라 크게 3가지로 분류해 볼 수 있다. 새로운 뉴스거리를 찾기 위해 하는 뉴스 인터뷰, 인물의 특성에 초점을 맞추는 인물 탐구형 인터뷰, 여러 사람을 인터뷰하는 집단 인터뷰 등으로 나눈다.

인터뷰 질문에 따라서는 크게 일반적 질문에서 특정한 사안으로 좁혀가는 깔때기형 인터뷰, 폐쇄형 질문에서 개방형 질문으로 옮겨가는 역-깔대기형 인터뷰, 개방형 질문이나 폐쇄형 질문 중 하나를 택해 계속 질문해 나가는 터널 인터뷰 등으로 나눠볼 수 있다.

인터뷰 기사 쓰기의 측면에서 볼 때 인터뷰 기사는 크게 '일문일답형', '설명형', '혼합형'의 3가지 형식으로 나눠 볼 수 있다.

'일문일답형'은 Q&A 스타일로 인터뷰를 하는 기자와 인터뷰 대상자와의 대화하는 형식을 취한다. 질문과 답으로 내용이 이뤄져 가장 객관적인 형태의 인터뷰다. 기자회견과 같이 공식 입장이나 사실 전달의 목적이 큰 자리 혹은 이슈에 대한 인터뷰를 진행하는 뉴스 인터뷰에 적합한 형식이다.

〈일문일답형 인터뷰〉

[인터뷰] 전국장애인차별철폐연대 박미주
"우리도 출근하는 '같은' 사람입니다"

박효령 기자 | 승인 2022.01.20 16:10

【투데이신문】 지난해 마지막 날인 12월 31일 오전 8시 휠체어를 탄 많은 장애인은 직접 역을 찾아 승강장에 들어온 열차에 승·하차를 반복하는 시위를 진행했다. 그 과정에서 열차와 스크린도어 사이의 휠체어 바퀴가 빠지기도, 많은 인파에 밀려 휠체어에서 떨어지는 장애인도 있었다. 하지만 그들은 아랑곳하지 않고 열차 출발을 고의로 막았다. 아수라장이 된 상황 속에서 지하철은 문을 닫지 못한 채 한 역에만 머물렀고, 그 결과 지하철은 20분 동안 연착됐다. 과연 어떤 이유로 장애인들은 지하철 운행을 지연시키면서까지 시위를 벌인 것일까.

2001년 1월 장애인 노부부가 지하철 4호선 오이도역에서 수직형 리프트를 이용하다 5m 아래로 추락해 한 명은 사망하고 한 명은 크게 다치는 비극이 발생했다. 지하철 탑승을 돕는 유일한 수단인 리프트의 미흡한 설치에 장애인단체는 분노했고, 이는 이동권 운동의 출발점이 됐다. 전국장애인차별철폐연대(이하 전장연)는 약 20년이 넘는 시간 동안 안전한 장애인 이동권 보장을 위한 시위를 이어 나갔다. 이날 지하철에서 이뤄진 선전전도 이러한 시위의 연장선이었다.

본보는 전장연의 지역 조직인 서울 장애인차별철폐연대 박미주 사무국장과의 인터뷰를 통해 현 사회 속에 장애인 차별 문제는 무엇이 있는지, 그들이 왜 지하철을 다 같이 타면서까지 선전전을 진행했는지 직접 들어봤다.

Q. 전장연이라는 단체에 대해 간단한 소개 부탁드립니다.

저희는 사회에서 제도적, 물리적으로 장애인이 접근 가능하지 못한 영역과 차별에 대해서 함께 개선해나가고, 더 나아가 장애인뿐만이 아니라 어느 사람도 배제되지 않는 사회를 만들기 위해서 투쟁하고 목소리를 내는 단체입니다.

Q. 장애인을 위한 운동을 시작하게 된 계기가 궁금합니다.
먼저 개인적인 이유가 컸습니다. 저희 어머니는 후천적으로 시각장애인이 됐습니다. 점차 시각이 좁아지는 희소병을 앓고 계시는데, 어머니가 외출하고 돌아오면 온몸에 멍이 가득한 것을 보고 '그저 이동만 했을 뿐인데 왜 멍이 들었지'라고 생각했습니다.

'설명형'은 기자의 질문 내용은 기사에 없고 인용하는 말과 말 사이를 설명하는 스타일이다. 그렇다 보니 취재원에 대한 기자의 주관과 해석이 들어가게 된다. 인물 인터뷰에 적합한 형태다.

〈설명형 인터뷰〉

[인터뷰] 프랭크 와일드혼
"놀라운 韓 뮤지컬 성장세, 음악에는 국경이 없죠"

최윤영 공연 칼럼니스트 | 승인 2022.01.20 16:10

【투데이신문】 미식축구를 즐기던 열다섯 살 소년이 피아노 앞에 앉은 뒤로 세상은 완전히 바뀌었다. 어쩌면 운명이었을까. 이유조차 알지 못한 채 그저 계속 쳐봐야만 할 것 같았던 피아노는 그의 삶을 자연스럽게 뮤지컬로 이끌었다. '지킬 앤 하이드', '웃는 남자', '마타하리', '데스노트' 등 이름만 들어도 알 법한 대작 뮤지컬의 음악들이 이 한 사람의 영감으로부터 출발했다는 이야기를 들으면 더 놀랍고도 반가울 수밖에 없다. 작곡가 프랭크 와일드혼(63)은 그렇게 음악과 연을 맺었다.

'한국인이 가장 사랑하는 작곡가' 프랭크 와일드혼의 라운드 인터뷰가 지난 23일 오후 서울 강남구 도곡동 EMK뮤지컬컴퍼니에서 진행됐다. 3년 만에 다시 한국을 찾은 그는 환한 미소와 함께 인사를 건네며 인터뷰 현장으로 들어섰다.

우선 한국 관객들로부터 변함없이 많은 사랑을 받는 와일드혼에게 늘 따라붙은 수식어가 어떤 의미를 갖는지 궁금했다. 워낙 세계적으로 큰 인기를 경험한 작곡가이다 보니 당연하다 여겨질 법도 하지만, 그에게는 어떤 것도 당연한 결과처럼 여겨지지 않은 듯했다. 와일드혼은 자신을 가리켜 '세상에서 가장 운이 좋은 사람'이라 칭하기도 했다.

"오직 감사한 마음뿐입니다. 미리 계획하거나 생각한 일은 아무것도 없었어요. 2004년 뮤지컬 '지킬 앤 하이드'로 한국에 첫 선을 보인 이후 지금까지 18년 동안 제 작품이 16편이나 공연됐습니다. 그런 여정을 함께 하는 동안 한국 관객과 제 음악 사이에 아주 아름답고 낭만적인 연애가 이뤄지지 않았나 싶습니다. 현재 한국에서 제 작품 4편이 동시 공연되고 있는데요. 매일 밤 약 7,000명에서 8,000명 정도 되는 분들이 관람하는 셈인데, 이분들을 모두 만날 수는 없겠지만 작품을 통해 작게나마 감동과 추억을 드릴 수 있다는 사실에 감사합니다."

입국 후 개인 일정을 소화하는 와중에도 공연 관람은 빼놓을 수 없는 일과 였다. 요즘 공연장을 찾은 관객들로부터 와일드혼을 봤다는 목격담이 끊이지 않는 이유다. 전일 박강현의 '웃는 남자' 공연을 보고 왔다던 그는 인터뷰 당일에도 자신이 작곡한 뮤지컬 '마타하리'를 관람하러 갈 계획을 세우고 있었다.

"어제 박강현의 공연을 봤습니다. 저는 그를 '킹콩'이란 애칭으로 부르는데요. 이번에 다시 '그윈플렌' 역을 맡으면서 많이 성장한 모습이 보였습니다. 그가 육체적, 정신적으로도 점점 더 강해졌고, 이제는 본인이 겪은 인생 경험을 연기에 담아내기 시작했다고 생각합니다. 아주 좋은 공연이었습니다."

와일드혼의 한국 배우 사랑은 남다르다. 그는 한국에 대단한 배우들이 많다며, 함께 일할 수 있어 영광이라는 말도 잊지 않았다. 특히 박효신과 김준수, 홍광호, 옥주현은 와일드혼에게 창작을 위한 영감을 불러일으킨 대상들이라고 했다. 특히 뮤지컬 '웃는 남자'의 경우 박효신을 위해 만들어졌다는 이야기가 들릴 만큼 배우의 장점을 잘 살린 작품으로 유명하다.

"맞는 이야기입니다. 몇몇 곡들은 박효신을 염두에 두고 작곡하기도 했죠. 그동안 작곡가로 활동하면서 정말 훌륭한 분들과 같이 작업할 수 있었습니다. 저는 제가 작곡하는 곡을 부를 대상이 가진 목소리를 알고 작곡했을 때 가장 좋은 노래들이 나온다고 생각해요. 그래서 박효신에 대한 사전 조사를 했었는데, '이런 목소리를 위해 작곡을 한다면 정말 재미있겠구나'라고 생각했습니다. 앞으로도 그와 더 많은 모험을 즐겼으면 합니다."

―이하 생략―

'혼합형'은 일문일답형과 설명형이 합쳐진 형태다. 긴 기사의 형태에서 적합하며, 다양한 시점에서 인물을 살펴볼 수 있다는 장점이 있다. 이러한 형식의 예문은 다음과 같다.

〈혼합형 인터뷰〉

홈 〉 피플 〉 인터뷰

[윤철순의 낭중지추] '세월호 장관' 이주영
"유가족 분노, 당연...나였어도 그랬을 것"

윤철순 기자 | 승인 2021.12.11 09:33

【투데이신문】 –중략–

면전에서 '장관 자리에서 쫓아내라'는 대통령을 향한 유가족들의 격앙된 소리까지 들어야 했다. 그러나 그는 김밥으로 끼니를 때우고 간이침대에서 새우잠을 자며 실종자 가족들과 함께 울었다. 아버지의 초췌한 모습을 TV로 보고 응급실에 실려 갔다는 딸의 소식을 접하고도 현장을 지켰고, 아내가 옷가지를 들고 진도로 왔을 때도 만나지 않고 직원을 보내 짐을 받았다.

그의 진정성을 느낀 유가족들은 사고 두 달 이후 있었던 개각에서 그의 장관직 유임을 강력하게 요구했다. 그들은 "이 장관은 끝까지 팽목항에 남아 우리 얘기를 들어줬다"고 했다. 유임 후 국회 세월호 국정조사 관련 회의에 출석했던 그는 "희생되신 분들의 명복을 빌며 생존하신 분들과 피해자 가족들의 몸과 마음이 조속히 쾌유하기를 진심으로 기원한다"고 발언하다 끝내 말을 잇지 못하고 울먹였다.

'동네북' 신세에서 유가족들의 심금을 울릴 수 있었던 건 '공감'이었다. 공감은 '동정'과 다르다. 상대의 마음으로 생각하는 감정이입이 가능해야 생기는 현상이다. 진정성은 공감할 수 없으면 동의 될 수 없는 감정이다. 한 자원봉사자는 당시 "항의와 분노를 온몸으로 받으면서도 곁을 떠나지 않으니까 가족들도 조금씩 마음을 열게 된 것 같다"고 했다.

―중략―

해수부 장관이 아니었다면 그는 어쩌면 그의 '꿈'처럼 지금쯤 국회의장직을 수행하고 있을지도 모를 일이다. 지난 6일 이 전 장관을 서울 여의도 투데이신문사에서 만났다.

– 내년이면 벌써 8주기입니다. 요즘도 가끔 팽목항을 찾으시는지요.
"연말이나 매년 사고 주기 즈음해서 조용히 한 번씩 다녀옵니다. 내려가면 희생자 분향소를 꼭 들러서 미수습자 가족들도 만나고요."

그의 시선이 아래로 떨어졌다. '팽목항'이라는 단어만 던졌을 뿐인데. 숙연해지는 그의 모습에서 시공간을 넘나드는 그의 머릿속 의식의 일단이 보였다. '공감 능력'에서 비롯되는 진정성이 느껴졌다.

– 장관 취임 41일 만에 참사가 발생했는데, 처음 소식 접하고 어떠셨나요?
"그야말로 황망했죠. 그날 광화문 정부중앙청사에서 아침 8시부터 경제장관회의가 있었어요. 회의 마치고 나왔는데 세종시에 있는 해수부 장관비서실에서 연락이 왔어요. 그렇게 사고를 처음 인지하게 됐던 겁니다."

– 곧바로 진도 현장으로 가셨나요?
"아닙니다. 처음엔 사고 상황이 정확하게 파악이 안 됐어요. 그래서 일단 모든 일정을 취소하고 곧바로 인천에 있는 해양경찰청본부 상황실로 갔죠. 거기서 현장을 연결해봤더니 상황이 너무 악화해 있는 겁니다. 해서 즉시 김포공항으로 가서 해경 비행기를 타고 바로 사고 현장으로 달려갔지요. 그날 이후 수습 종료 때까지 현장에 있게 된 겁니다." ―이하 생략―

이처럼 다양한 형식으로 작성되는 인터뷰를 살펴보았다. 그렇다면 좋은 인터뷰 기사를 쓰기 위해 취재원 선정부터 취재, 기사 쓰기까지 각 단계에서 알아두어야 할 사항들을 소개한다.

○ 인터뷰 녹음을 진행할 경우 사전에 양해를 구해야 한다.

○ 많이 들을수록 많이 얻을 수 있다. 기자는 듣는 데에만 집중해야 한다. 자기 생각이나 의견을 첨언하는 것은 되도록 삼간다.

○ 오프 더 레코드를 요청하지 않았더라도 취재원이나 취재원이 언급한 이들의 프라이버시를 침해하는 내용을 쓰는 것에는 유의해야 한다.

○ 인터뷰이의 일방적인 주장을 그대로 믿고 작성해서는 안 된다. 인터뷰는 상대의 말을 그대로 옮겨 적는 작업에 머무는 것이 아님을 명심해야 한다.

○ 질문을 짧고 명확하게 해야 한다.

○ 단순히 묻고 싶은 순서대로 물어서는 안 되며, 큰 줄기에서 작은 줄기로, 작은 줄기에서 큰 줄기로 이어지는 질문의 흐름을 만들어야 한다.

○ 보통 폐쇄형 질문과 개방형 질문을 적절히 섞어서 인터뷰를 진행하는 게 좋다.

○ 직접적으로 묻기 곤란한 질문은 돌려서 묻는다. 무례함과 용기 있는 것이 무엇인지 분별해야 한다.

○ 진실을 캐내기 위해 대화의 주도권을 잡고 매섭게 질문을 이어갈
줄도 알아야 한다.

○ 선입견이나 편견이 들어가지 않는 질문을 해야 한다.

○ 인터뷰는 말한 그대로 쓰는 게 아니다. 취재원 특유의 표현을 살려
서 쓰는 게 맞지만, 문법적으로 잘못된 표현이나 어려운 단어는 교
정해 독자들이 이해하기 쉽게 정리해야 한다.

르포

르포란 프랑스 말인 르포르타주(Reportage)를 줄인 말로 보도, 보고라
는 뜻이다. 기자가 직접 현장에서 보고 느낀 바를 적은 기사다. 르포 기
사는 특정 사건이 벌어진 장소를 취재해 보도하는 '현장르포'와, 특정 사
안에 대해 종합적으로 추적 보도하는 '사건르포'로 나눠볼 수 있다.

스트레이트 기사는 객관적인 사실만을 토대로 작성하는 반면 르포 기
사는 기자가 현장에서 보고 느낀 감정을 담고 있다. 르포는 주관적인 글
에 가깝지만 기자는 독자가 직접 현장에 있는 것처럼 생생한 모습을 담
고 본질에 가깝게 그려야 한다. 그러기 위해서는 현장에 대한 철저한 사
전 조사가 선행돼야 한다. 꼼꼼하게 현장 곳곳을 관찰하고 살펴보고 기
록해야 한다.

현장에 있는 이들의 인터뷰도 기사에 활용될 수 있다. 르포 기사 내용의 순서는 장소의 이동 순이나 시간의 진행 순으로 작성한다. 특히 독자가 현장에 있는 것처럼 생생하게 현장을 묘사해 '장면'을 보여주도록 한다. 다만 기사에 기자의 주관적인 관점과 판단이 개입될 수 있지만, 직접적이거나 감정적인 표현은 지양하도록 해야 한다. 실제 예문을 통해 르포 기사의 특징과 구성을 살펴보자.

홈 〉 사회 〉 사회일반 〉 현장취재

[르포] '비극의 땅' 용산, 개발에 묻힌 그늘진 역사를 밟다

전유정 기자 | 승인 2022.07.29 18:37

【투데이신문】 누군가에게는 상처로 남아 다시는 발을 들이고 싶지 않은 곳, 또 누군가에게는 100만 평의 선물. 마지막 남은 서울의 개발지 그 이상도 이하도 아닌 곳으로 여겨지는 용산에 발을 디뎠다. 철거민 5명과 경찰 1명의 목숨을 앗아간 '용산참사'는 올해로 벌써 13년이라는 시간이 지났지만, 참사의 상처가 낫지 않듯 여전히 용산은 '비극의 땅'이었다. 빈곤사회연대는 용산참사 13주기를 맞아 올 1월부터 '용산 다크투어' 프로그램을 진행하고 있다.

'용산 다크투어'는 용산참사를 기억하고 용산정비창 개발의 대안적 미래를 상상하는 시민참여 투어 프로그램으로, 공공택지의 개발이 민간과 기업의 소유로 넘어가는 방식이 단절돼야 한다는 의미로 기획됐다. 또한 서울 시민들이 눈으로 직접 땅을 보고 어떤 대안적 개발이 이뤄져야 하는지 목소리를 함께 내보자는 취지로, 본래 1회성 투어로 계획됐으나 호응이 좋아 약 20차례 가까이 진행 중이다.

투어는 개발현장의 민낯을 살펴볼 수 있는 '용산역 광장 – 용산역 구름다리 – 용산정비창 정문 – 이촌고가교 – 용산정비창 후문 – 용산참사 현장'을 방문하는 코스로 이뤄졌다. '용산 다크투어'가 진행된 지난 25일, 더운 날씨 속에서 약 2시간 동안 걸어야 하는 투어임에도 20여 명이 참여했다. 기자도 '용산 다크투어'에 동행해 용산의 과거와 현재, 미래를 함께 나눠보는 시간을 가졌다.

시민의 것 아닌 민자화된 용산역 광장

투어 참여자들이 첫 번째 코스로 모여든 용산역 광장은 시청역 광장과는 사뭇 다른 광경을 자랑했다. 지하철역 보다는 마치 쇼핑몰, 호텔 로비의 모습을 연상케 했다. 광장의 크기는 광활해 진행자가 마이크와 스피커를 통해 이야기하는 목소리도 귀를 잘 기울여야 겨우 들을 수 있었다.

하루에도 수많은 시민이 이용하는 공간임에도 사실 이곳은 시민들의 땅이 아니다. 그렇기에 2009년 용산참사 당시 서울역 광장에서 진행된 추모대회가 이곳 용산역 광장에서는 진행되지 못했다. 용산역 광장은 공공역사가 아닌 철도공사 소유의 땅에 현대산업개발이 운영하는 '민자 역사'이기 때문이다.

용산역은 광장의 사용 점유권까지 30년간 민간사업자에게 넘겨졌다. 용산역 광장을 시민들을 위한 공간으로 사용하기 위해서는 경찰에 집회신고를 하는 것만으로는 충족되지 않고 현대산업개발로부터 사용 동의를 구한 후 집회신고를 해야 하는 까다로운 절차가 필요하다.

빈곤사회연대에 따르면 용산역은 전체 면적 중 90%는 상업시설, 10%는 역무시설로 이뤄져 있으며 철도와 지하철 이용객의 동선보다는 쇼핑몰을 이용하는 소비자들의 동선에 맞춰 설계되어 있다.

기자가 투어 후 둘러본 대합실에는 승객들이 앉아서 대기할 수 있는 의자

등의 편의시설이 부족해 보였다. 그에 반해 넓은 공간을 차지하고 있는 여러 상업시설이 눈에 띄었다. 승객을 위한 편의시설보다는 소비 공간을 만드는 것에 중점을 둔 방식으로 개발된 것이다.

빈곤사회연대 이원호 집행위원장은 "이 같은 공간을 계속 민간사업자, 대기업에게 넘겨줄 것인지, 아니면 보다 시민들을 위한 공간으로 만들지에 대해 많은 논의가 이뤄지길 바란다"고 말했다.

개발로 내몰린 이들이 모인 텐트촌

용산역 광장을 지나 용산역과 서울 드래곤시티 호텔로 이어지는 용산역 구름다리 위에서 밖을 내다보니 다리 기둥을 세우는 작업이 한창인 공사장이 눈에 들어왔다. 얼마 떨어지지 않은 옆 공간에는 가림막으로 대충 공사장과 구역을 나눠 텐트가 몇 개 설치돼 있는 것이 보였다.

빼곡한 나무 사이로 텐트 두어 개 동과, 빨랫줄에 널린 옷가지들을 보니 사람의 흔적이 느껴졌다. 인부들이 작업하다 쉬는 공간인가 싶었지만, 이곳은 '홈리스 텐트촌'이었다.

텐트촌에는 2000년대 초반부터 사람들이 하나둘씩 모여 살았지만 이 땅은 이제 철도공사의 땅이 됐다. 다리 기둥을 세우는 작업이 한창인 공사장도 본래는 텐트촌 일부 구역이었다고 한다.

홈리스행동 안형진 상임활동가에 따르면 공사 구역에 텐트를 치고 살고 있던 이들은 공사가 막 시작되던 당시에도 해당 구역이 공사 구간에 포함된다는 것을 모르고 있었다. 시공사는 공사를 시작하면서 보름 내로 텐트를 안쪽으로 이동하라는 얘기를 전했다.

─중략─

용산다크투어를 주최한 '용산정비창 개발의 공공성 강화를 위한 공동대책위원회'는 용산 정비창 부지가 이윤만을 위해 개발되는 것이 아니라 그곳에 살아가는 사람들의 삶을 위한 공공적 목적을 가진 개발이 이뤄지기를 촉구하고 있다.

공대위는 다크투어를 통해 용산지역의 역사와 현재를 돌아보고, 용산정비창을 둘러싼 이해관계에 대해 알아보며 시민들과 함께 우리에게 필요한 미래는 무엇인가 질문한다.

투어에 참여한 B씨는 "투어를 통해 용산의 역사에 대해 잘 알 수 있었다. 코스를 돌고 해설을 들을 때마다 충격을 받지 않은 곳이 없다"며 "'누구의 것도 아닐 때 모두의 것이 된다'는 투어의 취지에 대해 계속해서 곱씹어 보게 된다"고 덧붙였다.

빈곤사회연대 이원호 집행위원장은 "시민들이 다크투어를 통해 공간에 대한 고민을 같이 했으면 좋겠다"며 "토지나 주택 같은 것들은 무한정 개인의 소유가 될 수 있는 것이 아니다. 소유권 중심의 사고를 넘어서 모두가 소유하지 않아도 안정적으로 거주할 수 있는 도시를 만드는 것에 대해 고민해야 한다"고 말했다.

기획기사

기획기사란 '왜', '어떻게'라는 질문을 바탕으로 사건이나 현상에 대해 깊이 있게 다루는 기사다. 스트레이트 기사처럼 사건을 한 관점에서 다루는 것에 그치지 않고, 특정한 관점으로 세밀하게 사건을 들여다본다. 그러다 보니 기획기사는 보통 여러 편으로 나눠 보도한다. 탐사보도나 심층 보도, 피처스토리 등이 이에 속한다고 할 수 있다.

기획기사의 유형을 총 7개로 분류된다. ①고발이나 비판의 대상이 비리 사건이나 스캔들인 '비리 및 스캔들 고발' ②정부나 지자체 등의 행정기관의 정책에 대한 부실을 분석적으로 비판한 '정책부실 비판' ③부정적인 사회현상에 대해 비판하고 심층 분석한 '사회병리 폭로 및 심층분석' ④새로운 사회적 경향을 소개하고 해석하는 데 초점을 맞춘 '새로운 사회 트렌드 소개 및 분석' ⑤독자들의 관심사를 충족시켜주기 위해 심층적인 정보를 제공하는 '독자 관심사 심층 정보 제공' ⑥개인의 인물 얘기에 사회적 의미를 부여해서 부각한 '인간적 관심사' ⑦이러한 분류 기준으로도 쉽게 유형화되지 않는 기사가 있다. (『한국기획기사와 미국 피처스토리 비교 분석』, 한국언론재단, 남재일 · 박재영, 2007)

기획기사는 심층적인 내용인 만큼 다양한 취재기법이 사용된다. 주제와 내용에 따라 한 기사 안에서도 현장 스케치, 현장 관찰자료 분석, 문헌 자료 분석, 설문 조사 결과 분석, 인터뷰 등 여러 취재 기법을 살펴볼 수 있다.

기사체는 중요한 내용이 맨 처음 제시되는 두괄식의 역피라미드형부터 다양한 사람의 인터뷰로 사회적 의제를 둘러싼 다양한 논점을 제시하는 관점형, 하나의 사례를 스토리텔링 형태로 전달하는 서사형, 이러한 3가지 형태들이 두 개 이상 혼합된 혼합형 등으로 나눠볼 수 있다.

실제 기사를 통해 기획기사 작성법을 살펴보겠다. 투데이신문에서 총 3편으로 발행한 《월화수목토토토?!》라는 꼭지의 기획기사는 주4일제에 대해 심층적으로 다뤘다. 1편에서는 관련 연구, 해외 사례, 전문가 진단, 각종 통계, 당사자 인터뷰 등을 통해 주4일제의 함의를 살펴보았다. 2편에서는 실제 기자가 주4일제를 실시하고 있는 기업에 1주일간 근무해보고 이에 대한 소감과 느낌을 담아냈다. 3편에서는 주4일제 실시 기업의 대표와 직원들을 대면 인터뷰해 주4일제의 효과와 장단점을 살펴봤다.

단순히 주4일제에 대한 전문가나 기업인, 정치인의 발언을 담아내는 단편적인 보도에서 벗어나 직접 주4일제를 체험하고 각종 자료를 분석해 작성했다. 주4일제의 찬반 논쟁에서 벗어나 주요 쟁점과 바람직한 논의 방향은 무엇인지 살펴볼 수 있는 계기를 마련했다. 기사 대제(헤드라인)와 부제목을 통해 기사를 간략하게 소개하면 다음과 같다.

[월화수목토토토?!①] 불붙은 주4일제 도입, 시대흐름인가 시기상조인가

조유빈 기자 | 승인 2022.02.14 19:42

> 韓, 獨보다 1년에 2달 더 일해…OECD 국가 중 3위
> 아이슬란드 주4일 도입 실험 결과, '압도적인 성공'
> 청년층 찬성 50% 이상, 그러나 임금 줄면 반대 64%
> 시간당 노동생산성 높지 않아 실업난 가중시킬 수도
> 주5일제 처럼 사회적 타협 통해 절충안 만들어 가야

[월화수목토토토?!②] "월요일이 좋아" 주4일제로 월요병 완치되다

조유빈 기자 | 승인 2022.02.21 12:32

> 게임업계 최초 주4일제 도입한 엔돌핀 커넥트
> 실제 근무해보니 컨디션↑, 월요병 극복해
> 첫 출근부터 첫 눈 휴가…삶의 낭만 · 재미 만끽
> 밤샘근무 · 추가근무 없이도 충분히 업무 완료
> 향상된 업무 집중도 · 효율, 직원들 만족도 높아

[월화수목토토토?!③] "주4일제 근무로 일과 삶 균형 잡혀"

조유빈 기자 | 승인 2022.02.25 16:33

> 일할 땐 일하고, 쉴 땐 쉰다…주4일 일하면서 효율 늘어
> 초반에 우려 많았으나 현재 오히려 업무 집중도 높아져
> 육아 때문에 그만둔 전 회사…현재 일과 가정 균형 지켜
> 주변 사람들 주4일제 도입 만류…하지만 결과는 성공적

그다음으로 소개할 기획기사는 새롭게 대두되고 있는 중독 현상들을 다룬《新중독 보고서》다. 투자 중독, 기술 중독, 음식 중독 등을 살펴보고 중독의 부작용이 사회에 끼친 영향은 무엇이며 건강한 몰입으로 이행을 위해서는 무엇이 필요한지 살펴봤다.

각각의 중독 사례를 겪고 있는 이들을 만나 인터뷰를 진행했으며 성인 남녀 1,000여 명을 대상으로 한 설문조사도 진행했다. 전문가들을 통한 사례별 문제점과 함의는 무엇인지부터 중독에 벗어날 방안까지 살펴보았다. 다양한 취재기법을 사용해 작성한 1편의 내용을 소개하겠다.

[新중독 보고서①] 잠들지 않는 단기투자의 유혹

박주환 기자 | 승인 2022.09.26 07:00

> 코로나19 이후 주식 중독 상담 사례 급증
> 도박 중독과 과정 및 증상 유사점 많아
> 단타, 코인 등 자극 노출 많을수록 위험
> 중독 위험에 대한 인지 낮아 치유 어려워
> 중독자의 '상실감'에 공감해주는 것이 중요

\# 대기업에 근무해왔던 B씨는 가족 몰래 투자를 시작했다. 처음에는 작은 액수였지만 점점 규모가 커졌다. 나중에는 수억원대의 대출을 받는 상황에까지 이르렀다. 하지만 투자는 끝내 실패했고 그는 십수억원 가치의 집을 매각한 후 친척의 집으로 거처를 옮겨야만 했다.

【투데이신문】투자는 권장된다. 한국사회는 부자가 되겠다는 욕망에 관대하다. 부(富)는 어떤 활동의 부수(附隨)가 아니라 그 자체로 목적이 됐다. 누구에게나 재테크는 필수가 됐으며 주식과 코인이 그 선봉에 있다.

지난 2020년 코로나바이러스감염증-19(이하 코로나19)가 전 세계로 확산됐다. 제조업을 비롯한 물류업계, 외식업계 등 다수의 산업 부문이 심각한 타격을 입었다. 하지만 투자 부문은 달랐다. IT 대장주들을 중심으로 주가가 치솟았다. 상장하는 기업들의 가치는 2배, 3배를 기록했으며 코스피 지수는 3000을 돌파했다. 유가증권시장이 열린 이후 사상 처음 있는 일이었다.

강세장이 이어지면서 투자 심리가 확대됐다. 투자자들이 몰리자 코인도 지속적인 상승세를 보였다. 돈이 돈을 버는 흐름이 견고해졌고 '큰 한방'을 위해 대출 등 차입금을 활용하는 영끌족들이 생겨났다. 승리에 취해 있을 때는 중독의 길로 들어가고 있다는 것을 인지하기 어렵다. 하지만 모든 중독은 자극의 반복으로부터 시작된다. 강세장일수록, 단타일수록 도박적 행위 중독으로 빠져들 위험이 높아진다.

주식 중독 상담, 5년 새 476% 급증

실제 국내 주식 중독 상담 사례는 코로나19 이후 크게 늘었다. 〈투데이신문〉이 한국도박문제예방치유원으로부터 제공받은 자료에 따르면 주식 중독 문제로 내방한 투자자는 지난 2017년 282명, 2018년 421명, 2019년 591명에서 2020년 1,046명, 2021년 1,627명으로 5년 새 476%나 급증했다.

같은 기간 합법 사행산업인 카지노, 경마, 경륜, 경정의 상담사례는 오히려 감소하는 모습을 보였다. 불법 온라인 도박의 상담 증가율인 180%와 비교해도 주식 중독 상담의 증가율은 상당히 높았다. 특히 2022년에는 상반기에만 1,136명의 상담자가 방문했다. 이 같은 추세라면 올해 말에는 2,000명을 넘어설 것으로 예상된다.

상담 전문가들에 따르면 투자 중독과 도박 중독은 유사한 부분이 많다. 도박의 경우 돈을 딴 경험이 중독의 기폭제가 된다. 가령 도박으로 20~30만 원을 땄을 때 거기서 만족하기는 쉽지 않다. 더 많은 돈을 걸었으면 더 큰 돈을 벌었을 거라는 생각으로 이어진다.

―중략―

투자자 86%, 손실에 대한 일상적 불안 경험

중독이라는 문제에서 투자가 도박보다 더 위험한 지점은, 사회적으로 문제가 없는 행위로 간주된다는 것이다. 상담센터 등에서도 투자자가 스스로 중독을 인지하고 내담하게 하는 것이 가장 어려운 일이라고 설명한다. 때문에 대다수의 내담자는 더 이상 손실을 숨길 수 없는 상황에 이르러 가족의 손에 이끌려 온다는 증언도 들을 수 있었다.

〈투데이신문〉이 두잇서베이에 의뢰해 투자 경험이 있는 성인남녀 1,014명을 대상으로 진행한 '투자 경향 및 중독 인식 설문조사'에서도 '투자 중독으로 상담받는 사례가 있다는 것을 알고 있는가'라는 질문에 과반인 50.6%(513명)의 응답자가 '모른다'고 답변했다. 또 '전문가 상담을 받고 싶은 생각이 있나'라는 물음에는 23.9%(243명)가 '상담을 받고 싶다'고 대답해, 투자 행위에 문제의식을 가진 잠재적 내담자들의 수준을 짐작케 했다.

이와 함께 답변자들은 투자 중독에 영향을 줄 수 있는 ▲투자 손실에 대한 불안 ▲원금 복구 심리 등에서 높은 수준의 불안감을 나타냈으며, 행위 중독에 부정적 요인으로 작용할 수 있는 ▲수익 및 손실 확인 주기도 짧은 경향을 보이는 것으로 조사됐다.

-중략-

정신과 전문의 최삼욱 원장은 "중독을 인정하는 것은 매우 어렵다. 특히 주식이나 도박은 채무가 크고, 혼자 해결할 수 없는 상황에서 이것만이 유일한 해결책이라는 환상에 빠져있기 때문에 포기하기가 굉장히 어렵다"라며 "가족이나 믿을 수 있는 사람에게 자신의 상태를 알리는 것이 우선인데 쉽지 않다. 세상을 등지려는 시도를 했거나, 법적인 문제가 생기거나 감당할 수 없는 상황이 돼서야 병원에 오는 경우가 많다"고 말했다.

이어 "중독이다, 아니다, 이런 이름 짓기보다는 얼마나 당사자가 힘든지를 들여다보는 것이 중요하다. 중독에 이른 경우 재정이나 관계, 신뢰 등이 대부분 망가져 있기 때문에 상실감을 느끼는 상황이다"라며 "이를 공감해주는 차원에서 문제를 다뤄야지 겁을 주는 방식으로는 절대 해결되지 않는다"고 강조했다.

-이하 생략-

앞서 살펴봤듯이 기획기사는 주제의 독창성, 관점의 다양성, 내용의 심층성을 필요로 한다. 이를 통해 다른 기사와의 차별화를 가질 수 있다. 사건이 하나 터지면 모든 매체가 기다렸다는 듯이 붕어빵 같은 기사를 쏟아낸다. 신속한 보도도 중요하지만 긴 호흡으로 맥락을 짚어주는 깊이 있는 느린 기사가 독자들에게 오래 읽힐 것이다.

A GUIDE FOR JOURNALIST

3장

보도 실무 스킬업

기사 작성 마인드맵

　디지털 기술로 발달로 뉴스 소비는 큰 변화를 맞이했다. 지면이라는 공간적 한계와 마감이라는 시간적 한계를 넘어 이제 언제 어디서나 뉴스를 볼 수 있다. 이렇듯 지면과 마감의 제약이 사라지다 보니 뉴스량(뉴스 길이)이 많아지고 동영상과 사진, 그래픽 등 다양한 멀티미디어를 활용한 기사가 늘고 있다. 기사의 수정 및 정정도 과거와 달리 즉각적으로 가능해졌다. 기사에 대한 독자들과의 반응 역시도 뉴스 댓글을 통해 곧바로 확인할 수 있다.

　이렇다 보니 언론만의 고유한 기능으로 분류됐던 의제설정과 게이트키핑은 인터넷이라는 개방적 환경 속에서 언론과 독자가 함께 하는 쌍방향으로 이뤄지고 있다. 미디어 환경 변화를 반영한 기사 생산 과정은 '발제'–'취재'–'기사 작성'–'편집'–'기사 발행' 순으로 나눌 수 있다.

단계별로 살펴보면 기사 주제를 정하는 '발제' 단계, 기자가 직접 팩트를 확인하고 자료를 모으는 취재 단계, 취재를 통해 얻은 정보를 정리하는 '기사 작성' 단계, 기사 출고 전 내용의 수정 및 첨삭, 검증, 교열하는 '편집' 단계, 최종 기사를 주요 포털이나 홈페이지에 등에 송고하는 '기사 발행' 단계를 거친다.

기사 발행 후 독자나 내부 반응에 따른 긍정적 · 부정적 피드백을 받게 되는데, 이는 기사 수정 및 삭제나 정정 등의 편집 단계로 넘어가거나 후속 보도의 주제로서의 발제 단계에 다시 놓이게 된다. 이러한 기사 생산 단계별 마인드맵을 통해 이 시대에 맞는 저널리즘에 입각한 기사 작성은 무엇인지 제시하고자 한다.

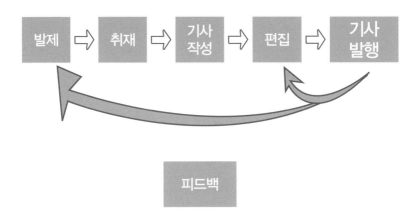

1. 기사 발제 : 기삿감을 찾아서

기자의 업무는 발제에서부터 시작한다. 즉 무엇을 다룰 것이냐. 기삿거리는 시의성, 저명성, 근접성, 영향성, 갈등성, 흥미성, 심층성 등을 고려해야 한다. 이에 따라 "최근에 일어난 사건인가?", "유명인과 연관된 사건인가?", "지리적 혹은 심리적으로 근접한 사건인가?", "사건의 사회적 파장이 큰가?", "사건을 두고 사회적 갈등이 심각한가?", "인간적 흥미를 불러일으키는 사건인가?", "사건이 다양한 요소로 복잡하게 얽혀 있어 심층적으로 살펴볼 필요가 있나?" 등의 질문을 통해 좋은 기삿감을 찾아야 한다.

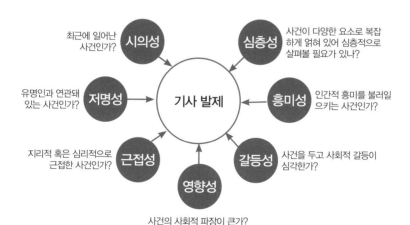

• **Tip:** 언론사의 구조

일반적인 인터넷 언론사의 의사 결정 구조는 보통 '발행인' – '편집인' – '편집국장' – '담당 부국장' – '부장' – '차장' – '담당 기자'로 구성되어 있다. 기자가 기사를 완성하면 데스크인 담당 차장과 부장, 담당 부국장, 편집국장을 거친 뒤 발행된다. 기사의 무게에 따라 편집인과 발행인까지 검토하는 경우도 있다.

2. 취재 : 사실을 바탕으로 한 진실 추적

기삿감이 정해졌다면 이제 본격적인 취재에 들어가야 한다. 취재는 현장 스케치, 현장 관찰자료 분석, 문헌 자료 분석, 설문 조사 결과 분석, 인터뷰 등을 이용해 진행한다. 이를 통해 정확한 사실을 확인해야 한다. 취재 과정에서 사실이 아닌 것으로 판명되면 기사로서의 가치가 없기에 취재를 중단해야 한다. 그렇다고 사실이 곧 진실이라고 보기 어렵기 때문에 다양한 관점과 폭넓은 맥락에서 취재해야 한다.

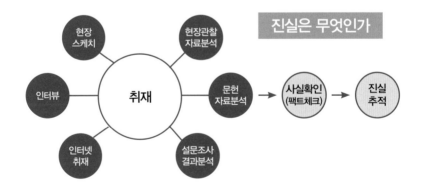

• **Tip:** 게이트 키핑

기자나 차장이나 부장, 편집국장 등 뉴스 결정권자에 의해 뉴스를 취사 선택하는 과정을 게이트 키핑(gate-keeping)이라고 한다.

슈메이커에 따르면 게이트 키핑 과정에는 ① 개인적 요인 ② 뉴스 제작 관행 ③ 조직적 관행 ④ 사회적·제도적 요인 ⑤ 사회 구조적 차원 등의 개입 등이 나타난다. 다시 말해 게이트 키퍼 스스로가 꼽은 내용이 취사 선택되며, 언론사 내부의 제작 관행이 작용한다. 언론사의 특성과 외부 환경이 영향을 미친다. 마지막으로 사회문화나 이데올로기가 요인으로 작용한다. 결론적으로 기자의 가치관과 언론사 조직과 외부 세계가 만들어낸 결과물이 '기사'라고 볼 수 있다.

• **Tip:** 삼각확인

삼각확인(triangulation)은 한 취재원에게만 의존해 기사를 완성해선 안 된다는 취재원칙이다. 찬성과 반대, 피해자와 가해자 등 갈등이나 대치 상황에 있는 이들은 양쪽 모두의 견해를 듣는다. 그리고 각각의 입장을 여러모로 균형 있게 다룬 내용을 기사에 반영해야 한다.

3. 기사 작성 : 정확하고 공정하게

기사 작성 과정에서는 무엇을 어떻게 쓸 것이냐를 고민해야 한다. 취재 과정에서 모인 정보를 어떻게 다룰지를 결정해야 한다. 이를 내용적 측면과 형식적인 측면에서 나눠 살펴보겠다.

내용적 측면에서는 △정확성 △공정성 △객관성 △균형성 △불편 부당성 △투명성 △다양성 등이 반영됐는지 확인하는 게 좋다. 이를 풀어서 설명하면, 사실과 일치하는 정확한 내용인지, 한쪽에 치우치지 않았는지, 주관을 배제한 객관적인 내용을 작성했는지, 한쪽의 입장에 치우치지 않고 양쪽을 균형 있게 다뤘는지, 취재원과 자료를 투명하게 공개하고 있는지, 다양한 취재원이 등장하는지 등이다.

형식적인 측면에서는 육하원칙에 따라 쉽고, 명료하고, 정확하게 기사를 작성하도록 한다. 또한 가독성을 높이기 위해 그림, 사진, 동영상, 인포그래픽 등 다양한 멀티미디어를 사용하는 것도 좋다.

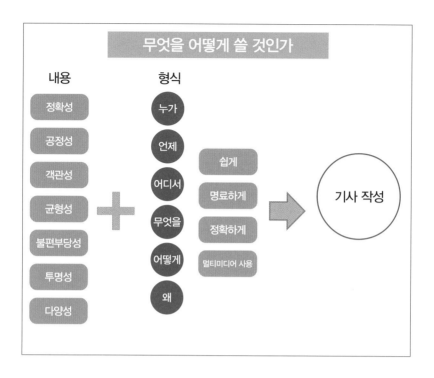

• **Tip:** 언론학자 엔트만(Entman)이 제시한 저널리즘의 5가지 핵심 원칙

1) 정확성

보도하는 내용은 신뢰할만한 정보원으로부터 얻은 사실적 정보에 기초해야 한다. 이렇듯 모든 뉴스는 사실에 기반한 진실을 추구한다. 정확히지 않은 보도는 결국 뉴스의 신뢰를 떨어뜨리고, 사회 혼란을 야기한다.

2) 균형성

논쟁적 사안은 서로 다른 입장을 동등하게 취급해야 하며 언론인 개인

견해가 개입되어서는 안 된다. 반쪽짜리 진실에 그치지 않도록 언론은 어느 한쪽에 치우치지 않도록 노력해야 한다.

3) 순수영리 추구 견제

뉴스 보도에 대한 결정은 당장의 이윤 추구보다 전문가적 판단에 기초해야 한다. 언론은 공적 책무를 가진 사기업으로 공익과 사익 추구 사이에 놓여 있다. 언론은 민주주의, 인권, 정의, 평등, 평화를 지키는 역할이 선행되어야 기업으로서의 존립 기반을 얻게 된다.

4) 민주적 책임

언론은 정부가 시민들에게 책임을 다하도록 만들어야 하며, 행정부·입법부·사법부와 관련한 공공 정책 보도에 우선권을 부여해야 한다. 언론은 시민의 삶과 직결된 공공의 문제를 전달에 소홀히 하지 않고 주시, 감시해 시민의 위해 존재함을 잊지 말아야 한다.

5) 논설의 분리

뉴스와 논설은 분리되어야 하며, 논설은 뉴스 보도에 영향을 미쳐서는 안 된다. 사실과 의견을 분리해 독자들이 사안에 대해 객관적으로 판단할 수 있도록 해야 한다.

〈다양한 뉴스 형식〉

유형	설명
카드뉴스	SNS, 모바밀 최적화 카드형 콘텐츠
타임랩스	일정하게 정해진 간격으로 움직임을 활용한 수정상 속도로 영사
타임라인	선형 타임라인으로 기사 나열
차트	다양한 형식의 원, 차트, 지도, 막대그래프 등
이미지 클릭	이미지를 클릭하면 링크 연결
퀴즈	퀴즈형 기사 등 제작 공유
리스티클	죽기 전에 해야 할 ~가지, 리스트와 기사를 결합
투표	투표와 기사 접목
영상 변환	기사를 영상으로 자동 변환
스토리 편집	SNS 큐레이팅
뉴스맵	구글, 네이버, 다음 등의 오픈 API 활용해 지도에 기사 임베딩
트리맵	타일현 맵 형태로 가중치에 따라 뉴스를 보여줌
인터랙티브	텍스트, 이미지, 영상, 소리 등을 복합적으로 결합하여 제공하는 기사 서비스
큐레이션	다른 언론사의 기사를 수집, 소개

출처 : 김민정(2016)과 김선호 · 박대민 · 양정애(2014) 연구 참고

4. 발행 : 책임 있는 언론으로서

기사 작성 후에는 데스크의 편집, 교열, 검증 작업이 이뤄진다. 기사 내용의 재배치와 같은 편집, 문장 수정 등 교열, 팩트 체크와 같은 검증 작업이 끝나면 기사가 발행된다. 발행한 기사의 경중과 성격, 파급력에 따라 특종 보도, 단독 보도, 심층 보도가 된다. 이러한 보도는 사회 의제 설정, 공론장 활성화, 신뢰 상승, 후속 보도를 이끈다.

기사 발행 후 기사 작성 과정에서 문제점이 있으면 오보나 왜곡 보도, 허위 보도, 편파 보도라는 오명을 쓰게 된다. 기사 작성 각 단계에서 어떠한 문제점이 있는지 다시 살펴봐야 한다. 이러한 보도로 인해 정정 보도, 반론 보도, 손해배상이 이뤄질 수 있다. 또한 언론 신뢰 하락과 독자 이탈, 민주주의 저해와 같은 부작용을 낳을 수 있다.

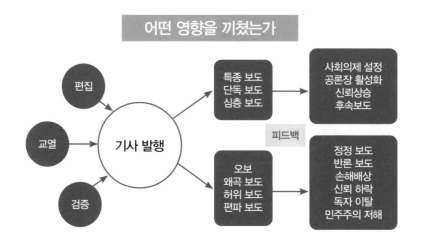

우수한 저널리즘을 위한 프로젝트 PEJ(Project for Excellence in Journalism)의 보도지수는 투명취재원 수, 이해당사자, 복합관점 수준 등 3가지 요소를 심층 보도의 중점 요소로 선정했다. PEJ는 4명 이상의 투명취재원, 이해당사자와 4개 이상의 복합관점을 갖춘 기사를 심층 보도의 기준으로 삼았다.

'저널리즘의 10대 기본원칙'

1. 저널리즘의 첫 번째 의무는 진실에 대한 것이다.

2. 저널리즘의 최우선 충성 대상은 시민들이다.

3. 저널리즘의 본질은 사실 확인의 규율이다.

4. 기자들은 그들이 취재하는 대상으로부터 반드시 독립을 유지해야 한다.

5. 기자들은 반드시 권력에 대한 독립적인 감시자로 봉사해야 한다.

6. 저널리즘은 반드시 공공의 비판과 타협을 위한 포럼을 제공해야 한다.

7. 저널리즘은 반드시 최선을 다해 시민들이 중요한 사안들을 흥미롭게 그들의 삶과 관련 있는 일로 인식할 수 있도록 전달해야 한다.

8. 저널리즘은 반드시 뉴스를 포괄적이면서도 비중에 맞게 보도해야 한다.

9. 저널리즘을 실천하는 사람들은 그들의 양심을 실천해야 하는 의무를 지닌다.

10. 그들의 선택을 통해 뉴스 생산에 참여하는 시민들은 뉴스에 관해 권리를 행사할 수 있다. 그러나 그들은 책임감을 가져야 한다. 그들이 스스로 생산자와 편집자가 되는 상황에서는 더욱 그러하다.

빌 코바치와 톰 로젠스틸 〈저널리즘의 기본원칙(The Elements of Journalism)〉
(2021년 한국언론진흥재단 번역서, 개정판 4판 이재경 옮김)

기사 작성 체크리스트

앞서 살펴봤듯 한 개의 기사가 발행돼 독자들과 만나기까지는 발제, 취재, 편집, 수정 등의 긴 과정을 거친다. 그 복잡하고 정교한 과정에서 기자라면 꼭 체크해야 할 리스트가 있다.

쿠키뉴스는 디지털 시대에 발맞춰 급변하는 언론 환경에서 기자들이 지켜야 할 원칙을 담은 '취재보도 가이드북'을 2021년 12월 12일 발간했다. 김지방 쿠키뉴스 대표는 "저널리즘 원칙이 현장에 제대로 적용되지 않는 한계를 극복하기 위해 취재기자들과 1년여 동안 논의해 가이드북을 만들었다"며 "앞으로도 위키백과처럼 계속 업데이트해 다양한 취재 현장에 실제 도움이 되도록 만들어가겠다"고 밝혔다.

'취재보도 가이드북'에는 △사건 △자살 △성폭력 △재난 △전쟁과 테러 등 기존 보도 원칙은 취재원과 취재진을 보호하는 세칙을 더해 보완했으며 차별 금지 항목을 추가하고 사회 갈등 조장 가능성을 최소화했다. 온라인 공간에서 취재, 사실 확인 방법, 보도 여부 판단 기준 등을 정리한 소셜미디어 준칙도 담겼다.

쿠키뉴스 스타일북은 클라우드 노트 앱 '노션'을 이용해 제작됐으며, 누구나 인터넷 검색을 통해 열람할 수 있다. 이번 장은 쿠키뉴스의 '취재 보도 가이드북' 내용 중 기사 작성 과정에서 꼭 필요한 것들을 발췌해 구성해보았다.

1. 사건 · 사고 보도

(1) 기본원칙

① 신속성보다 정확성이 더 중요하다.

② 독자의 알권리와 개인의 인권 보호라는 2가지 가치를 동시에 충족해야 한다.

③ 당사자의 초상권과 개인정보를 비롯한 디지털 인권은 갈수록 강조되고 있다. 경찰 검찰을 비롯한 수사기관의 발표는 객관적인 사실이 아니라 일차적인 자료이며, 피해자 가해자 최초신고자(목격자) 주변인과 사안에 정통한 전문가 등 다각적인 취재가 필요하다는 점을 명심해야 한다.

④ 법원 확정판결이 있기 전까지 헌법상 무죄추정의 원칙을 적용해 기사 작성과 제목에 유의한다.

⑤ 수사 대상자 실명과 얼굴은 유죄 판결 전까지 공개하지 않도록 유념한다. 국회의원 지방의원 3급 이상 고위공직자, 법조인, 기업체 간부, 단체 임원, 공인 및 그에 준하는 공적 인물일 경우를 제외하고 당사자 의사에 반해 공개하지 않는다. 다만 범인 체포 및 추가 피해 예방을 위해 필요한 경우, 공익과 독자 알권리 등 합리적 이유가 있을 때는 공개할 수 있다.

⑥ 수사 및 재판 과정에서 양쪽 의견을 균형 있게 전달한다.

⑦ 수사와 재판 과정에서 피의자와 그의 가족, 지인, 증인, 피해자 이름과 거주지 등을 보도하여 신원이 드러나지 않도록 주의한다.

⑧ 혐의와 직접적인 관련이 없는 수사 대상자의 국적, 지역, 종교, 성별, 학력, 정치적 성향, 질병을 밝혀 편견을 조장해서는 안 된다.

⑨ 범행 수법이나 피해 상황을 지나치게 자세히 알리는 선정적 보도를 지양한다.

⑩ 사건 사고 보도의 세칙들은 기계적으로 적용해선 안 되고 개개 사건의 실체적 진실을 바탕으로 사회통념에 따라 유연하게 적용한다.

(2) 수사단계 기사

① 교차 검증, 복수를 대상으로 취재를 한 뒤 신중하게 보도한다.

② 수사 기관 관계자를 익명으로 인용해 보도할 때도 교차 검증을 거치고 반론을 충분히 반영해 보도한다.

③ 미성년자, 미성년자의 보호자, 성범죄 및 약취 유인 사건의 피해자는 특별한 사유가 없는 한 익명으로 보도한다.

④ 사건 사고 관련자의 가족 입장을 보도할 때는 감정이나 의혹을 부풀리지 않도록 유의한다.

⑤ 수사 과정이나 결과를 두고 문제점이나 의문을 제기할 수 있지만 근거가 충분해야 한다. 유족 등의 일방적인 주장에만 의존해선 안 된다.

(3) 재판 기사

① 수사 단계에서 범인으로 지목받은 이가 재판 과정에서 무죄 판결을 받은 경우, 그 경위를 상세하게 보도한다.

② 재판 과정에서도 피고인 실명과 얼굴 공개는 위에 서술한 원칙을 고려해 결정한다.

③ 피고인 가족, 지인, 친인척의 경우에는 피고인보다 더 높은 수준으로 보호한다.

2. 자살

(1) 기본원칙

① 자살 사건은 되도록 보도하지 않는다.

② 보도하는 경우에는 모방 자살을 막기 위해 방법 도구 장소 등을 구체적으로 묘사하지 않는다. 자살을 미화하거나 불가피한 선택으로 묘사하지 않도록 언어에도 유념한다.

③ 고인과 유가족의 인격과 사생활을 존중한다.

④ 아래와 같이 자살 예방 핫라인을 기사에 첨부한다.

우울감 등 말하기 어려운 고민이 있거나 주변에 이런 어려움을 겪는 가족·지인이 있을 때 자살예방 상담전화 ☎1393, 정신건강 상담전화 ☎1577-0199, 희망의 전화 ☎129, 생명의 전화 ☎1588-9191, 청소년 전화 ☎1388, 청소년 모바일 상담 '다 들어줄 개' 애플리케이션, 카카오톡 등에서 24시간 전문가의 상담을 받을 수 있습니다.

▲자살 예방 핫라인

(2) 단어 및 표현

① '자살'이 아닌 '숨지다', '사망' 등 표현을 사용해야 한다.

② 자살 동기를 단순화하지 않는다.

③ 가족 등 다른 사람을 살해하고 자기 목숨을 거두는 행위를 '동반자 살'이라고 부르지 않도록 한다.

④ 자살을 미화하는 표현을 사용하는 것을 삼간다.

예) 벼랑 끝 선택, 마지막 탈출구, ~이기지 못해 뒤따라 자살

(3) 보도 범위

① 자살 방법, 도구, 장소를 구체적으로 보도하지 않는다.

② 공인이거나 밝힐 필요성이 상당한 경우를 제외하고는 자살한 사람의 신원을 밝히지 않는다.

③ 유가족의 신분을 노출할 위험이 있는 정보는 가급적이면 보도하지 않는다.

④ 유서 내용을 보도할 때는 유가족의 의사를 존중해야 한다.

3. 성폭력

(1) 기본원칙

① 성희롱 성추행을 포함한 성폭력, 성범죄는 다른 범죄와 달리 피해자의 사회적 인격과 존엄성에 지속적인 피해와 낙인을 남길 수 있어 더욱 신중한 보도가 필요하다.

② 자극적이고 선정적인 보도를 하지 않는다. 가해자의 행동을 가볍고 우연한 행동으로 묘사하거나 피해 상황을 구체적으로 묘사해 호기

심을 자극하지 않도록 유념한다.

③ 성범죄를 개인 문제로 축소하지 않는다. 가부장적, 남성 중심적 성
문화와 그릇된 성인식, 조직 내 경직된 서열 등 성범죄를 유발하는
사회구조적 배경에 주목한다.

(2) 피해자 보호

① 피해자 사생활을 보호한다.

– 피해자의 습관, 기호, 질병, 장래희망, 성적 이력 등의 사생활은 보
도하지 않는다.

② 피해자와 가족에게 2차 피해가 가지 않도록 얼굴, 이름 등 신상정보
공개는 하지 않는다. 피해자 동의를 얻고 공개했을 때와 공익적 목
석이 있을 때는 예외로 한다.

– 피해자의 가족, 주변인의 사적 공간에 침입하지 않는다. 취재 동의
가 없을 경우에는 강요하지 않는다.

③ 성범죄를 유발한 원인이 피해자에게 있는 듯 암시하거나 명시하지
않도록 유의한다. 그러한 주장이 있을 경우에도 증거나 근거 없이
보도해선 안 된다.

– "왜 그 시간에 가해자와 같이 있었습니까" 등 독자로 하여금 잘못된
통념을 심어 주는 질문을 하지 않는다.

④ 피해 상태를 지나치게 구체적으로 질문 · 묘사해 피해자가 사건을

다시 상기하는 일이 없도록 한다.

⑤ 사건에 피해자의 이름을 붙여 부르는 등 피해자를 전면에 내세우지 않는다.

(3) 취재 시 주의사항

① 피해자 취재는 가급적 동성의 기자가 취재해야 바람직하다.

　- 자신의 소속과 신분을 먼저 밝히고 취재원에게 사전 동의를 구한 다. 질문을 사전 점검해 가십성 이슈로 소모되지 않도록 한다.

② 피해자나 주변인이 원하지 않는데도 취재를 강요해서는 안 된다. 당사자가 인터뷰에 응할 시에는 보도로 인한 2차 피해 위험을 충분히 알려 신중하게 응하도록 한다.

　- 인터뷰를 거절 기사에 부정적으로 언급하지 않는다. 피해자나 주변인이 취재를 인지하지 못한 채 말한 내용을 그대로 보도하지 않는다.

③ 피해자 취재 과정에서 원인을 피해자 개인의 처신으로 떠넘기거나 입증 책임을 지우지 않는다.

　- 가해자의 변명을 전달하지 않는다. 사건의 본질과 관계없는 질문은 하지 않는다. 주변인의 평가 등 피해자의 사생활이 국민의 알 권리 대상은 아니다.

(4) 보도 시 주의사항

① 피해자나 가해자의 일방적 주장을 여과 없이 보도하지 않는다. 경찰 검찰 등 수사기관의 공식 발표 내용을 중심으로 사실관계 확인이 된 내용에 한해 신중하게 보도한다.

- 범행수법, 과정, 양태 및 수사기관의 수사기법 등을 자세히 설명하지 않는다.

② 피해자의 직업, 평소 행동, 결혼 여부, 옷차림 등 비본질적인 내용에 대해 언급하지 않는다.

③ 당사자의 허락을 받은 사진이나 영상만 보도한다. 2차 피해를 막기 위해 삽화 등 다른 방식을 우선 고려한다.

- 피해자의 신원이 노출되는 이미지는 쓰지 않는다. 안전한 모자이크, 음성변조는 없다.

④ 사건을 묘사하는 삽화도 피해자를 가련하고 연약한 인물, 가해자를 악마적이고 예외적인 인물로 그리지 않도록 유념한다. 삽화에서도 구체적인 범죄 상황을 묘사하지 않도록 주의한다.

⑤ 가해 행위를 자세히 또는 자극적으로 묘사하지 않는다.

- 범죄 내용을 선정적으로 재연하여 영상화하지 않는다. 아동 · 청소년을 성적 대상화로 보는 장면은 보도하지 않는다.

⑥ 가해 행위를 미화하거나 가볍게 만드는 표현은 사용하지 않는다.

예) 나쁜 손, 몰카, 몹쓸 짓, 성추문

⑦ 성폭력·성희롱 사건이나 피해자에 대한 잘못된 사회 통념을 갖게 하는 보도를 하지 않는다.

– 피해자와 가해 간의 연애 및 성적인 관계, 대립 구도, 진실공방 프레임으로 다루지 않는다. 피해자가 정치적 의도를 가지고 피해 사실을 폭로한다는 의혹제기 등을 여과 없이 전달하지 않는다.

4. 차별 금지

(1) 기본원칙

① 언론이 혐오표현을 여과 없이 전달하면 사회 갈등과 분열을 부추길 수 있다. 국가인권위원회에 따르면 혐오표현(Hate Speech)은 "성별이나 장애, 종교 등 특정한 속성을 이유로 개인이나 집단에 대해 모욕·비하·멸시·위협하거나, 이들에 대한 차별을 당연하거나 필요하다고 여기고 부추기는 표현"이다.

② 비하, 차별 의도 유무와 관계없이 혐오표현 사용은 사회적 약자에 대한 편견을 증폭시킨다는 점을 유념한다.

③ 가부장제, 지역주의, 레드컴플렉스(공산주의의 위협에 대한 과장되고 왜곡된 공포심과, 그 공포심을 근거로 한 무자비한 인권 탄압을 정당화하거나 용인하는 사회적 심리) 등 기존 질서 유지 수단으로 악용된 혐오표현과 관련한 보도는 주의한다.

예) 김 여사, 전라디언, 홍어, 빨갱이

④ 정치인, 고위 공직자, 유명인, 종교 지도자 등 사회적 영향력이 큰 사람이 하는 혐오표현은 더욱 엄격하게 다룬다.

(2) 단어 및 표현

① 장애인을 비하하거나 차별하는 표현, 부정적 뉘앙스를 담은 표현과 관용구를 쓰지 않는다.

관련 예시

- 결정 장애, 귀머거리, 절름발이, 장님 코끼리 만지는 꼴
- 장애를 앓고 있는 → 장애가 있는
- 벙어리 장갑 → 손모아 장갑
- 저능아, 정신지체 → 지적장애
- 맹인, 맹자, 장님 → 시각장애인
- 문둥병 → 한센병

② 남자와 여자, 성적 지향에 따른 차별에 근거한 표현을 쓰지 않도록 유의한다. 성별과 성 역할에 대한 고정관념을 강화하는 성차별적 표현을 사용하지 않는다.

기사 작성 시 성별 표기가 없어도 독자가 내용을 이해하는 데 지장이 없으면 남녀를 모두 표기하지 않는 것을 원칙으로 한다. 성별 표

기가 필요할 때는 남녀 모두 표기한다.

관련 예시

- 미망인 → 고(故) ㅇㅇㅇ의 배우자

- 집사람, 안사람, 바깥사람 → 배우자

- 학부형 → 학부모

- 시댁/처가 → 시가/처가

- 유모차 → 유아차

③ 특정 국가나 민족, 인종, 이주민, 북한 이탈 주민을 차별하거나 비하하는 표현을 사용하지 않는다. 동정의 대상이나 잠재적 범죄자로 다루지 않는다. 사회부적응 등 부정적인 사례를 보도할 경우 개인의 책임만 내세우지 않고 사회 구조적 관점에서 접근한다.

④ 역사적인 사건을 이르는 표현이 왜곡되거나 혐오표현에 해당되지 않도록 유의한다.

예) 광주사태→ 5.18 민주화운동

관련 예시

- 광주사태 → 5.18 민주화운동

- 일제 시대 → 일제 강점기

5. 선거

(1) 기본원칙

① 선거보도는 유권자의 판단에 도움이 될 수 있는 정보를 정확하게 제공해야 한다.

② 특정 정당, 세력, 집단, 후보에 유리하거나 불리한 기사를 의도적으로 작성하지 않는다.

③ 여론조사 수치에 과도한 의미를 부여하지 않고 과학적 방법론에 근거, 불편부당하게 보도한다.

④ 경영진과 데스크, 기자 개인의 정치적 성향과 이해관계를 기사에 개입하지 않는다.

⑤ 군소 정당이나 소수자를 대변하는 후보자에게도 기회를 부여하기 위해 노력한다.

⑥ 후보와 정당 간 지지율 추이보다는 정책 비교와 분석이 유권자에게 더 유용한 정보가 될 수 있다.

⑦ 정당이나 후보자 간 공방이 발생한다면 양측의 주장을 확인해 정확한 사실을 알린다.

⑧ 특정 후보와 관련한 폭로성 주장은 반드시 사실관계를 확인하고 보도 여부를 결정한다.

⑨ 선거관리위원회의 선거 감시 활동을 적극적으로 보도한다.

⑩ 지역갈등, 세대와 성별 갈등을 조장하지 않도록 유념한다.

⑪ 유권자의 정치 무관심이나 혐오를 유발하지 않도록 주의한다.

(2) 여론조사

① 여론조사를 여론과 동일시하지 않는다. 여론조사 수치를 여론을 이해하는 데 도움이 되는 하나의 자료로 인식한다. 타당성과 신뢰도를 반드시 검토해야 한다. 타당성은 여론조사의 대상이 되는지, 신뢰도는 같은 조사를 되풀이해도 비슷한 결과가 나올지 여부다. '자살은 허용돼야 하나' 같은 질문은 여론조사의 대상이 될 수 없다.

② 여론조사 결과 보도 시 조사의 주체, 조사 방법, 모집단, 응답자 수, 표본오차, 조사 기간, 설문과 답변 전체 공개를 원칙으로 한다. 실시한 기관이 신뢰할 만한 곳인지도 유념한다.

[중앙선거관리위원회 여론조사기관 등록/취소 여부] 등을 참고할 수 있다.

③ 여론조사의 설문 내용과 조사 방법 등을 검토해 질문이 특정한 답변을 유도하지 않았는지 확인한다. 설문지 구성은 인지도/지지도 조사, 현안의 찬반 이유, 행동 여부 순서의 구성이 바람직하다. 찬반을 앞세우고 지지도를 조사하는 경우 유도성 설문이 될 수 있다. 문항은 형용사를 최소화하고 쉬운 표현을 써야 한다. 선거 여론조사에서 후보의 경력은 [선관위]에 등록된 경력만 활용해야 한다.

④ 여론조사 결과를 일부만 보도하거나 자의적으로 해석하지 않는다.

여론은 고정적이지 않으며 한 번의 조사 결과 역시 긴 흐름에 있다는 점을 유념해야 한다. 여론 찬반/순위만 단순히 보도하기보다는 여론이 갈등적인지 합의적인지 등 전반적인 분포와 양상을 분석해 보도해야 한다.

⑤ 선거 여론조사 결과를 보도할 때에는 [중앙심의위원회 홈페이지에 등록된 선거 여론조사 결과]만 보도해야 한다.

⑥ 지지율 또는 선호도가 표본오차 범위 안에 있다면 순위를 매기거나 서열화하는데 신중해야 한다. '경합' 또는 '오차범위 내에 있다'고 보도함이 바람직하다. 오차범위 안에서 순위를 내세울 경우 '오차범위 내 1위' '오차범위 내 우세' 등으로 표현해야 한다.

⑦ 여론조사 결과를 보여주는 시각 자료(그래프, 표 등)는 유권자의 판단과 해석에 영향을 미칠 수 있음을 고려해 비율, 크기, 길이 등을 정확하게 보여주도록 제작한다.

⑧ 여론조사에서 사용하는 전문용어를 쉽게 풀어 설명한다.

참고 : [기자협회–중앙선거관리위원회 여론조사 보도준칙]

6. 재난

(1) 기본원칙

① 태풍 홍수 대설 가뭄 지진 등 자연재해와 화재 붕괴 폭발 사고 등 인적 재난, 대규모 감염병과 같은 질병 재난을 비롯한 대형 사건/사

고는 심각한 인명 피해와 정신적, 물질적 피해로 그 사회의 정상적 기능을 일시적으로 마비시키는 사건(Fritz. 1991:한국언론연구원. 1996 재인용)임을 유의해 평상시보다 더 집중적인, 또한 더 신중한 취재보도가 필요하다.

② 재난보도는 정확한 정보를 신속하게 전달해 재난 피해를 최소화하고, 국민의 안전을 최우선으로 한다.

③ 현장에 취재진을 보낼 경우에는 취재진의 안전을 우선적으로 확보해야 하며, 취재보도 과정에서 피해자와 피해자 가족의 인권을 보호한다.

④ 장기간 지속되는 사건의 경우 데스크를 현장에 함께 파견해 현장의 판단을 존중하는 방안도 고려해야 한다.

⑤ 재난 예방정보를 제공하는 보도의 기능, 재난 응급정보를 제공하는 방재의 기능, 재난 복구와 희망 정보를 제공하는 부흥의 기능을 다한다.

⑥ 데스크는 [한국기자협회의 재난취재보도 준칙]을 검토해야 한다.

(2) 취재진 안전

① 기자의 안전이 가장 중요하다. 어떤 기자도 위험한 취재를 거부했다고 부당한 대우를 받아선 안 된다.

② 재난 현장 파견 전 언론사 차원의 안전 교육을 한다. 파견 기자는 보

호장비를 챙겨 현장에 나선다. 데스크는 파견 인원의 이동을 항상 파악한다.

③ 재난 현장에 도착한 기자는 우선 재난대책본부의 위치와 연락처를 확보하고, 취재진의 숙소를 마련한 뒤 취재에 나선다.

④ 단독 취재는 구조 활동에 지장을 주지 않고 취재진의 안전에 문제가 없는 범위에서 이뤄져야 한다. 관리 당국이나 안전책임자 등에 의해 확인되지 않은 장소는 출입하지 않는 것이 바람직하다. 취재 현장에 있을 때에도 휴식 시간을 확보하고, 휴식 때에는 직접적인 재난 현장과 거리를 두는 것이 바람직하다.

⑤ 동일한 취재진이 장기간 재난 현장을 취재하는 것은 바람직하지 않다. 또 취재를 마친 뒤에는 심리적 트라우마가 남지 않도록 회사에서 상담치료 등 적절한 조치를 취해야 한다.

(3) 취재와 보도

① 재난 보도는 발생 사실과 피해·구조 현황 등 재난 정보를 정확하게, 빠르게, 가능한 상세하게 제공해야 한다.

- 취재진은 안전한 범위 내에서 현장에 신속하게 접근, 현장에서 벌어지는 상황을 차분하게 전달해 독자들이 상황을 파악하고 구조활동에도 도움이 될 수 있도록 한다.

- 취재진은 재난대책본부 등 공식 채널과 연락망을 구축하고 현장구

조 활동에 참여하는 구호단체 등 민간기구의 협조를 얻을 수 있다.

– 데스크는 현장의 취재와 공식 채널의 발표 등을 종합적으로 판단해 보도하되, 참상을 과장 혹은 축소하거나 당사자의 인격을 침해하는 보도가 되지 않도록 유념해야 한다.

– 취재보다 인명구조와 조사가 우선이다. 취재진이 구조 활동을 방해해선 안 된다.

② 현장에서 벌어지는 구조 활동과 당사자들의 생존기 등 현장의 생생한 이야기는 독자에게 유용한 정보와 감동을 주는 좋은 기사다.

– 피해자와 가족의 상황을 담은 취재 보도는 선정적인 보도를 지양하도록 특히 유의한다. 기사에 자극적이거나 감정적인 표현을 사용하지 않는다. 사고 본질을 흐리는 흥미 위주의 개인사 보도는 하지 않는다.

③ 피해자들과 가족의 호소, 재난 원인의 심층적 분석 또한 중요한 취재 대상이다. 단 감정적인 호소가 과도하게 전달되지 않도록 유념한다.

④ 인명구조와 피해자 치료, 현장 복구, 사후 수습 등을 방해하지 않는 선에서 취재한다. 특히 인명구조를 방해하는 취재행위나 인터뷰는 어떠한 경우도 하지 않는다. 피해 상황을 부풀리거나 불안을 가중시키지 않도록 보도에 유념해야 한다.

⑤ 재난 현장 책임자의 요구나 지시, 재난관리 당국이 정한 취재 제한

이 있을 경우 데스크와 현장기자가 신속하게 공유하며 가급적 이를 존중한다.

⑥ 재난 피해자나 관련 단체 등의 모습이 과장되게 혹은 반복적으로 노출되지 않도록 유의한다. 당사자의 요청이 있을 경우 데스크와 현장기자가 이를 공유하며 협조할 방안을 강구한다.

⑦ 추측성·추정적 보도를 피한다. 정보의 출처를 명시한다. 출처나 취재원의 신뢰성을 확인하기 어려운 불확실한 정보는 보도하지 않는다.

⑧ 재난 원인, 피해 규모, 구조 현황 등 중요한 정보는 반드시 재난관리 당국이나 책임기관의 발표를 존중한다.

− 인재(人災), 제도적 문제 등을 비판적으로 보도할 경우 상투적인 비판이 되지 않도록 구체적인 원인과 과정을 취재해 글과 사진, 그래픽, 영상 등으로 심도 있게 보도하도록 노력해야 한다. 재난 원인에 대한 보도가 지나친 비판 등으로 구조 활동을 방해할 수도 있다는 점에 유념해 원인을 성급하게 진단하기보다 신중하고 정확하게 보도하는 데 중점을 둬야 한다.

− 당국의 공식 입장과 다른 내용을 취재, 보도할 경우, 인명 구조에 즉시 영향을 미칠 수 있는 재난 보도의 특수성을 감안해 당국의 입장을 중요하게 반영해야 한다. 공식발표 자료의 정확성을 검증하는 경우 전문가의 참여를 통해 객관성을 확보한다.

⑨ 취재원의 신뢰성과 전문성을 검증하고 취재원의 정보를 교차 확인한다. 실명 보도를 원칙으로 하되, 익명을 요구하는 취재원의 발언을 기사화하려면 다른 취재원에게 정보의 정확성을 확인한다.

⑩ 재난 현장의 자극적인 장면을 단순 반복해 보도하지 않는다. 현장 사진이나 이미지를 사용할 때 상황에 적합한 것인지 고려한다.

⑪ 현장 취재 기사를 데스크에서 작성할 시 취재 기자의 증언과 의견을 확인하고 존중한다.

⑫ 속보성 기사를 위해 기자에게 무리한 취재를 요구하지 않는다.

⑬ 재난의 전체상이 파악되지 않은 상황에서 오해를 부를 수 있는 단순화나 단편적인 보도를 하지 않는다.

⑭ 보도한 내용이 사실과 다르면 즉시 바로잡고 독자에게 알린다.

⑮ 재난 보도에서 지역에 대한 차별 없이 균형 있게 다룬다.

(4) 피해자 인권 보호

① 재난 피해자와 가족, 주변인을 존중하고 예의를 갖춘다. 피해자와 가족, 주변인의 신상 공개는 인격권이나 초상권, 사생활 등을 침해할 수 있다는 사실을 고려해 최대한 신중히 한다.

② 질문이나 촬영을 하기 전에 소속과 기자임 이름과 함께 밝힌다.

③ 유의해야 할 질문들

- "기분이 어떠십니까" 같은 발언은 피해자의 비참한 감정을 더 자극

하고, 감정을 드러내는 장면이 국민 앞에 전시되는 듯한 느낌을 줄 수 있다.

- "언제 알게 되었나", "누구의 도움을 받았나" 같은 단답형 질문은 피해자들이 자신의 상황을 제대로 전달하지 못하고 언론의 태도에 끌려가는 느낌을 줄 수 있다.

④ 대안이 될 수 있는 질문들

- "힘든 일을 겪고 계신 것을 보니 마음이 아픕니다"라고 말로 공감과 위로를 표하는 것이 바람직하다.

- "도대체 무슨 일이 있었던 겁니까?" "당시 겪은 일을 설명해주실 수 있으십니까?" "(희생된 가족)은 평소 어떤 분이셨나요?" 와 같이 생존자들이 주도적으로 이야기할 수 있는 질문을 던져야 한다. 답을 하는 과정에서 자연스럽게 자신이 느끼고 생각하는 목격한 점을 말할 수 있는 기회를 줘야 한다.

- 인터뷰 대상의 심리적 상태가 불안정하다면 인터뷰를 하지 않는다. 인터뷰를 거부하거나 언론에 불만을 제기할 경우 즉시 한 발 뒤로 물러서서 감사하다는 인사를 하고, 명함을 건네면서 "나중에 언론에 하고 싶은 이야기가 있다면 꼭 연락을 주십시오"라고 추후 연락 가능성을 열어두는 방법도 있다.

⑤ 피해자 보호를 위해 보도에 유의해야 할 점들

- 사진과 영상에서 타살이건 자살이건 사람이 죽는 장면은 생방송으

로 내보내지 않도록 한다.

- 피해자를 클로즈업을 하거나 피 흘리는 모습을 의도적으로 촬영하지 않는다.

- 가급적 피해자 장면은 라이브 중계도 자제하고 시차를 두는 것이 바람직하다. 제목이나 자막 등으로 미리 곧 보게 될 장면을 경고해 보고 싶지 않은 사람은 피할 수 있도록 배려해야 한다.

- 미성년자 취재는 더욱 주의해야 한다. 필요하다면 보호자와 당사자의 동의를 얻는다.

- 피해자나 가족들이 단체를 구성하거나 대표자를 정했다면, 이들의 의견을 청취하고 보도에 반영한다.

- 과거에 발생했던 유사한 사고의 음성 · 사진 · 영상 자료는 가급적 사용하지 않는다. 부득이하게 사용할 경우 반드시 설명을 첨부한다.

7. 전쟁과 테러

(1) 기본원칙

① 전쟁과 테러 현장 취재의 최우선은 취재진의 안전이다. 군사 당국을 포함한 정부나 현지 구호단체, 국제기구, 현지 전문가 등을 통해 적절한 취재 협력을 구해야 하며, 군사보안 상의 문제로 취재와 보도에 제한이 있을 수 있음을 인정해야 한다.

② 전쟁과 테러 상황에서 언론은 국민의 알 권리를 추구하는 동시에

국가보위 및 국민 보호의 임무를 수행하는 특수한 상황에 있음을
취재진과 데스크가 유념한다.

③ 전쟁과 테러의 실상을 보도하되, 인간의 존엄성을 존중한다.

④ 보도로 인해 개인이나 피해자가 정신적 고통을 입지 않도록 주의를
기울인다.

(2) 취재와 보도

① 정확한 정보를 토대로 충실하고 불편부당한 설명을 독자에게 제공
하기 위해 노력한다.

② 상충하는 주장이나 정보가 있는 경우 출처를 확인하고 사실 확인
후 보도한다.

③ 피해 사실을 보도하면서 독자에게 불필요한 불쾌감을 주지 않도록
노력한다.

④ 작전이나 테러 현장에서 취재할 경우 군이나 관련 본부가 제시하는
접근 통제선을 준수한다.

⑤ 작전상황과 관련된 정보와 사진 등이 적이나 테러범을 이롭게 할
수 있다는 점을 유념한다.

⑥ 군이나 경찰, 기타 관계 기관이 완전한 보도 통제를 요구할 경우 데
스크와 논의한다.

⑦ 테러 관련 정보를 입수한다면 데스크에 보고해 관계 기관과 공유하

는 방안을 검토한다.

⑧ 국가안보와 작전에 임하는 장병의 안전을 고려해 보도한다.

⑨ 작전 수행 중 전·사상자, 입원환자, 가족 및 장례 등에 관한 취재
는 개인의 사생활과 인권을 존중한다.

⑩ 숭고한 희생이 폄훼되지 않도록 보도한다.

⑪ 개별 희생자의 신원이나 개인사에 집중하기보다 공익적 정보를 전
달하기 위해 노력한다.

8. 소셜미디어

(1) 기본원칙

① 소셜미디어는 페이스북 트위터 인스타그램을 비롯해 인터넷 카페
와 커뮤니티, 게시판 등을 포함하는 온라인 상의 공개된 공간이다.
이 공간에 공유된 주장을 취재원으로 삼거나 기자가 의견을 표명할
때에도 사실 확인, 정치적 중립, 공정한 보도 등 언론인으로서의 원
칙을 지키고 신뢰와 품위를 잃지 않도록 유념해야 한다.

(2) 소셜미디어 활용 보도

① 소셜미디어에서 사건 연관자를 찾거나 목격담을 확보해 취재에 활
용할 수 있다.

 – 소셜미디어에 올라온 주장을 검증하지 않고 인용해선 안 된다. 일

반적인 제보나 취재와 동일하게 당사자 여부와 사실 여부, 배경과 맥락을 기자가 직접 취재해 확인해야 한다. 특히 당사자 여부를 확인하는 일은 더욱 중요하다. 계정 이름이 '대한축구협회'라고 해서 실제로 대한축구협회가 계정을 운영하는지 보증해주지 않는다.

② 소셜미디어에 게시된 개인 의견이나 글은 영향을 고려해 보도 여부를 결정한다.

③ 개인이 게재한 게시물을 기사에 인용할 때 작성자에게 보도 활용 승낙을 받는다. 동의를 받기 전이라도 사안이 긴급하고 공익성이 중대될 경우, 당사자가 인용 보도를 문제 삼지 않는 경우에는 데스크와 논의 후 선 보도할 수 있다. 이런 경우 보도 후에라도 작성자와의 접촉을 지속해 보도 경위를 설명하고 사후 허락을 받는 것이 바람직하다.

④ 보도 활용 시 작성자의 인격권을 보호하고자 노력한다. 소셜미디어 인용 시 반드시 출처를 명시한다. 항상 저작권 문제가 발생할 수 있다는 점에 유의한다.

⑤ 정부나 기업을 대표하는 공식계정, 공인 혹은 사실관계가 명확한 것으로 판단되는 경우 공식 발언과 같이 보도할 수 있다. 다만 사실관계에 관한 주장일 경우 단순 인용 보도보다 추가 확인 후 보도함이 바람직하다.

⑥ 소셜미디어를 대중이 특정주제(사건)에 어떻게 보는지 파악하는데

활용할 수 있으나 편향성과 익명성의 위험을 유념해야 한다.

9. 사진 · 영상 활용

(1) 멀티미디어 활용 주의사항

디지털 저널리즘에서 그래픽, 사진, 영상은 기사 본문을 보조하는 역할에 그치지 않는다. 시각 자료가 독자에게 미치는 영향력이 크다는 것을 인지하고 적극적으로 활용한다. 아래의 사항을 확인하여 적절한 사진 · 영상 자료를 활용하고 주의사항에 대해 사전 점검하길 바란다.

- 카드뉴스

① 텍스트 중심 기사에서 탈피, 이미지화된 정보를 전달에 초점을 둔다.

② 가급적 스토리텔링에 적합한 기사를 선택해 제작한다.

③ 잘 만들어진 이미지를 사용해 시각적 효과를 최대화한다.

④ 최소한의 텍스트를 넣더라도, 정보에 대한 독자의 정확한 판단이
   가능해야 한다.

- 영상뉴스

① 영상으로 기사를 소비하는 사람이 늘어나고 있다. 앞으로 역량을
   집중해야 할 분야다.

② 10분 이내 짧은 영상으로 제작해 독자의 접근성을 높인다.

③ 영상 안에 기사의 정보가 충분히 반영되어야 한다.

④ 영상의 썸네일은 기사 제목과 같다. 높은 가중치를 둔다.

⑤ 적절한 편집, 음악, 자막 등의 활용으로 시청각 효과를 최대화한다.

– 블로그 · SNS

① 기사를 블로그와 SNS 성격에 맞춰 가공한다. 본문을 그대로 옮겨 넣지 않는다.

② 사진, 그래픽, 영상 등의 시각 자료를 최대한 활용한다.

③ 댓글 등을 독자와의 소통 창구로 활용한다.

– 주의할 점

① 온라인 기사 활용 시 기사 본문의 내용과 무관한 제목, 사진, 그래픽을 쓰지 않는다.

② 심한 왜곡을 불러일으키는 무리한 축약, 자의적 해석 등을 피한다.

(2) 사진 촬영편집 노하우

디지털 기기의 발달로 인해 취재기자도 보도에 필요한 사진을 촬영하기 수월해졌다. 사진기자를 대동하지 못하는 경우에도 사용할 수 있는 자료 확보가 가능해졌다. 일상에서 휴대하는 스마트폰을 활용해도 충분히 좋은 사진을 구성할 수 있기 때문에, 사진 촬영 시 중요한 촬영 방법을 숙지할 필요가 있다.

사진기자 없이 촬영하기

1) 기자회견

① 정면 구도가 여의치 않을 경우, 측면이나 광각 촬영을 이용한다. 기
자회견 목적을 알리는 손 피켓이나 플랜카드를 촬영한다.

측면에서 찍은 사진(정면보다 입체적인 사진)

② 포토타임이 있을 경우에는 그 시간을 이용한다. 그렇지 않을 경우
에는 피사체의 역동적인 표정 · 동작을 담는다.

기자회견은 발언시간 외에도 퍼포먼스, 구호 외치기 등 다양한 촬영이 가능하다.

③ 피사체에 접근이 어려울 경우 손을 위로 뻗어 화면을 보지 않고 찍거나(No finder), 뒤에서 취재진의 모습을 넣어 스케치 하는 것도 하나의 방법이다.

화면을 보지 않고 셔터를 누른 사진 　　　　취재진을 넣고 스케치한 사진

2) 인터뷰

① 취재 도중 촬영이 어렵다면, 인터뷰를 마치고 야외나 밝은 곳으로 이동해 사진을 찍는다.

인터뷰를 마치고 찍은 사진, 광량이 충분해 스마트폰 촬영도 가능하다.

② 인물의 특징을 나타내는 자세와 취재원의 직업을 알 수 있는 배경을 택한다.

영화 〈고양이 집사〉의 PD와 감독(왼쪽)　　　　유아 교구 업체의 특징을 나타는 배경

③ 인물을 강조하고 싶을 때는 세로 사진으로 클로즈 업(Close-Up)해서 촬영한다.

세로로 인물의 표정이나 자세를 강조한 사진

④ 스마트폰으로 촬영할 때는 실내보다는 자연광을 이용한다.

　(창밖에서 들어오는 빛, 역광 등)

실외에서는 역광을 이용해
입체감을 준다.

실내에서는 창으로 들어오는 빛을 이용하면
부족한 광량을 보충하고 배경과
분리하는 효과를 줄 수 있다.

3) 체험기

① 체험기 특성상 기자의 체험이 담긴 사진이 가장 좋다.

② 비슷한 그림을 연속해서 쓰지 않는다.

③ 시간의 흐름에 따라 사진을 배치하는 것이 좋다.

[아무도 안 해서 합니다] "문 닫은 유치원, 아이를 회사에 데려왔다"
아이와 함께 출근부터 취재현장, 식사, 키즈카페, 학원, 퇴근까지 시간의 흐름에 따라 배치

4) 기획

① 주제가 직관적으로 드러나는 사진을 사용한다.

[기획] "휴대전화도 주고 싶은데…"
68년 만에 푸는 이산가족 선물 보따리

[가봤더니] '올 추석 고향엔 마음만'
귀성 대신 추캉스
(붐비는 속초 아바이마을의 보습)

② 직관적인 사진 표현이 어려운 주제일 경우 연관성이 높은 이미지를 선택한다.

코로나로 인해 저소득층의 힘든 모습을
담은 사진

'글 안 쓰는 사회'를 표현한 사진

스마트폰으로 사진 촬영하기

1) 렌즈 청결을 유지한다.

깨끗한 렌즈   렌즈가 더러우면 사진이 뿌옇게 나온다.

2) 피사체와 아이레벨을 맞춰 찍는다.(때에 따라 하이나 로우로 앵글을 사용할 수 있다)

: 아이레벨에 맞춰 촬영하는 것이 반드시 정답은 아니다. 기사 방향에 맞게 적절한 앵글을 사용하는 것이 중요하다. 예시와 같이 앵글에 따라 인물의 모습과 배경이 다름을 알 수 있다.

아이 레벨에 맞춘 사진   로우 앵글   하이 앵글

3) 일반적으로 스마트폰은 촬영 버튼에서 손을 떼는 순간 촬영된다. 셔터를 누른 후 1초 동안 안정을 유지한다.

끝까지 안정을 유지하고 촬영한 결과물　　　끝까지 안정을 유지하지 못한 결과물

4) 스마트폰 촬영의 가장 큰 어려움은 흔들림이다. 흔들림 방지를 위해 연속촬영을 이용하는 것도 좋다.

5) 광량이 부족한 실내에서 피사체만 강조하고 싶을 때는 스마트폰의 플래시를 사용한다.

어두운 실내에서 찍은 곰인형　　　같은 곳에서 플래시를 이용해 찍은 곰인형
플래시를 이용하면 피사체를 강조할 수 있고 밋밋한 배경을 정리하는 효과를 얻는다

6) 세로보다는 안정적인 가로 찍기를 지향한다.(인물 사진은 예외)

사무실에서 바라본 MBC 전경. 가로 사진이 더 안정적이기는 하나
강조하는 피사체에 따라 세로 사진도 가능하다.

7) 수평을 맞추기 힘들다면 수직 · 수평 안내선 옵션을 활용한다.

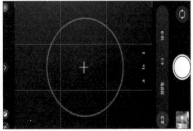

수직 · 수평 안내선(왼쪽 - 갤럭시, 오른쪽 - 아이폰)

8) 가로 · 세로 비율은 4:3을 권장한다. 4:3 사진은 세로 비율이 높은
편. 사진에 따라 필요할 경우 크롭한다.

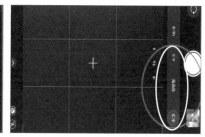

사진 비율 조절 버튼(왼쪽 – 갤럭시, 오른쪽 – 아이폰)

9) 일반적인 스마트폰 카메라는 광각과 표준 렌즈로 구성되어 있다. 멀리서 디지털 줌을 사용하는 것보다는 피사체에 가까이 접근하는 것이 좋다.

| 광각 렌즈 | 표준 렌즈 | 디지털줌(노이즈가 많이 생겨 해상력이 저하) |

(제목짓기~사진촬영 출처: 쿠키뉴스)

10. 온라인 기사 편집

디지털 저널리즘이 주류 언론의 일부로 부상하며, 기자가 직접 기사를 편집하는 경우가 늘고 있다. 이에 미디어 편집지가 준수해야 할 편집자의 역할에 대한 이해의 필요성이 대두됐다.

1) 편집자의 역할

① 기자가 뉴스라는 상품을 만드는 사람이라면, 편집자는 상품을 포장·판매하는 사람으로 독자의 주목을 끌 수 있어야 한다.

② 독자들이 쉽게 뉴스를 찾을 수 있고, 읽을 수 있게 편집해야 한다.

③ 디지털 뉴스 소비의 흐름에 대한 다각적 정보 분석을 한다.

④ 콘텐츠의 다양한 노출을 고민해 더 많은 독자를 만든다.

⑤ 독자들이 홈페이지에 오래 머무를 수 있도록 편집해야 한다.

⑥ 소홀한 웹페이지 관리로 독자들에게 신뢰를 잃지 않도록 한다.

2) 온라인 편집 방법

① 기사 시스템을 관리하고 소유 페이지 운영을 담당하여 기획한다.

② 가독성 있는 소유 페이지 구현을 위해 기사의 제목 작성 및 적절한 배치를 한다.

③ 기사 분석 툴 이용으로 기사의 흐름을 이해하고 활용 방안을 모색, 실천한다.

④ 분석을 통해 기사의 다양한 노출 경로를 확보하여 독자에게 콘텐츠를 제공한다.

독자에게 주목받는 기사제목

기사 제목은 중요하다. 온라인 기사는 더욱 그렇다. 스마트폰으로 기사를 보는 독자가 기사 본문을 읽도록 끌어들이는 유일한 방법이기 때문이다. 단 한 줄로 독자의 시선을 붙잡아야 한다. 아래의 제목 작성법을 적용해 독자에게 주목받은 제목을 만들어보자.

(1) 쉽고 간결하게 쓴다

① 기사의 내용을 충분히 인지하고 핵심을 파악한 후 짓는다.

② 디지털 환경에서 보기 좋은 15-20자 내외로 쓴다.

③ 독자 입장에서 가독성을 고려한다.

④ 전문적인 내용을 다루는 기사는 독자가 이해하기 쉬운 표현을 쓴다.

(2) 정확히 전달한다

① 사실 전달이 중요한 기사 제목은 명확하게 짓는다.

② 제목과 기사의 내용이 잘 어울리는지 확인한다.

③ 압축한 제목에 오해할 만한 표현이 없는지 확인한다.

④ 기사 내용에 알맞은 시제인지 확인한다.

(3) 다르게 짓는다

① 이미 많이 나온 제목과 비슷한 표현을 피하고, 기존 제목과 차별화할 지점을 찾는다.

② 습관적으로 쓰는 표현('화제', '눈길' 등)을 지양하고 신선한 표현을 사용한다.

　예) 피곤한 공무원 · 냉소적인 기자 · 갑질 의원의 '까칠한' 국정감사

　예) 병원은 지금 무장 중

(4) 재미를 더한다

① 일상적인 언어가 어울릴 만한 기사에는 부드럽고 자연스러운 구어체를 사용한다.

　예) 의대 정원 확대 논란 어떻게 생각하시나요

② 말의 리듬과 라임(음위율), 부사, 대구, 대조 등을 활용한다.

　예) "노력은 하는데 가끔은…" 'NO 재팬' 열기, 여전할까

　예) 코로나가 바꾼 여름 휴가, 국제선 '한적' 국내선 '북적'

　예) 쏟아지는 트로트 예능, 높아지는 시청자 피로도

③ 시대를 반영한 영화 속 대사, 유행어 등을 기사에 맥락에 맞
  춰 사용한다.

  예) [이효리 예습하기] 예능 PD들에게 보내는 시무 5조

  예) [가봤더니] 거리두기 2단계가 허락한 유일한 카페

④ 다만 무리한 조어나 상스러운 유행어 사용은 지양한다.

  예) 코로나19? 빨아 쓰면 면 마스크도 '쌉가능'

⑤ 기사 내용에 따라 독자의 호기심과 상상력을 자극한다.

  예) "안 도망가" 장담한 기자…14시간 夜택배노동 해보니 ①
      [발로쓴다]

  예) [단독] 카드사기 피해액 260억…광주서 무슨 일이

  예) 남북정상회담, 왜 조용필 아닌 지코와 에일리인가

⑥ 인터뷰 등 발언이 중요한 기사에서는 눈길을 끄는 구절을
  적절히 인용한다.

  예) "손님 앞에 나오지 마" 사장은 말했다

  예) "병무청장님, 마음 바꾼 것이 위법입니까"

5) 품위 있게 쓴다

① 여성, 장애인, 소수인종, 타민족, 성 소수자, 지역 등을 차
  별하거나 혐오하는 표현을 지양한다.

예) '화장실녀' 왜 살해당했나

예) 절름발이 경제 정책, 언제까지 이어질까

② 부고 기사는 고인의 명예를 훼손하지 않도록 각별히 유의한다. 자살일 경우 '자살'과 같은 직접적인 표현과 사인은 기재하지 않는다.

예) 홍길동씨 자택서 목매 자살

③ 상반된 주장이나 공방을 다룰 경우 형평성을 고려한다.

④ 승패를 다루는 스포츠 경기나 선거 기사 등에서 감정을 드러내는 표현은 주의한다.

예) 3개월 만에 맞붙은 일본, 역시 상대 안 됐다

⑤ 기사에 대한 독자의 감정을 고려한다.

⑥ 제목으로 호기심을 자극하거나 반전을 주는 경우, 기사 내용에 명확한 사실이나 새로운 내용이 없다면 신뢰도가 하락할 수 있음을 유의한다.

예) 홍길동, 아버지와 절연 선언… 이유는?(본문에 해당 내용 없음)

⑦ 인용이나 강조를 위한 문장부호(" "! ? …)나 특수문자(♥★)를 남발하지 않도록 한다.

예) '갑돌이♥ 갑순이', 상암동서 포착!

A GUIDE FOR JOURNALIST

4장

반드시 알아야 할
언론윤리와
언론법

언론윤리헌장으로 살펴본 언론 상식

가짜뉴스, 오보, 편파보도, 허위보도, 정파보도,
상업주의, 명예훼손, 사생활 침해, 권언유착…

지금의 언론은 저널리즘의 가치를 잊은 지 오래다. 언론이 사회 질서를 무너뜨리고, 갈등을 촉발하고, 개인의 권익과 자유를 침해하고 있다. 그 어느 때보다 언론계 전반의 강도 높은 자성이 필요한 때다.

이런 가운데 언론단체와 언론협회, 언론인 등이 모여 윤리적 언론에 대한 요구를 담은 '언론윤리헌장'을 제정했다. 지난 2021년 1월 발표된 언론윤리헌장은 △진실을 추구한다 △투명하게 보도하고 책임 있게 설명한다 △ 인권을 존중하고 피해를 최소화한다 △공정하게 보도한다 △독립적으로 보도한다 △갈등을 풀고 신뢰를 북돋우는 토론장을 제공한다 △ 다양성을 존중하고 차별에 반대한다 △품위 있게 행동하며 이해 상충을 경계한다 △디지털 기술로 저널리즘의 가능성을 확장한다 등 9가지 원칙을 제시하고 있다.

이번 장에서는 언론윤리헌장의 원칙을 바탕으로 한 세부 실천 사항 중 일부를 소개하고, 이와 관련한 언론 윤리와 언론 역사, 추구해야 할 저널리즘의 가치는 무엇인지 알아보도록 하겠다.

1) 언론의 사회적 책무와 진실추구

> 언론은 인권을 옹호하며, 정의롭고 평화로운 공동체를 추구한다. 이를 위해 정확하고 공정한 보도를 통해 시민의 올바른 판단과 의사소통을 도우며, 다양한 가치와 의견을 균형 있게 대변함으로써 사회 통합을 위해 노력한다.

박종철 고문치사 사건

전두환 정권 말기인 1987년 1월 14일 경찰은 서울대에 재학 중이던 박종철 군을 불법 체포하고 고문해 사망에 이르게 했다. 경찰은 "책상을 '탁' 치니 '억' 하고 죽었다"며 사건을 단순 쇼크사로 위장해 발표했으나 당시 용기 있는 언론들에 의해 진실이 밝혀졌다. 이는 범국민적 민주화 운동인 '6월항쟁'으로 이어졌다. 이렇듯 언론의 비판과 감시 기능은 권력에 대한 견제와 균형으로 민주주의를 지켜내고 사회 발전에 이바지한다.

> 언론은 권력을 감시하고 비판해 사회 정의를 실현하고 민주주의를 발전시키는 데 기여한다.

워터게이트 사건

〈워싱턴포스트〉 기자 칼 번스타인과 밥 우드워드는 1972년 리처드 닉슨 대통령이 재선을 위해 CIA 요원들을 동원해 불법 감청을 시도하다 적발된 사건의 전말을 최초로 보도했다. 이른바 '워터게이트 사건'이다.

미국 대통령 선거를 5개월여 앞둔 1972년 6월 17일, 워터게이트빌딩의 민주당 사무실에 침입한 괴한 5명이 체포됐고 단순 절도 사건으로 마무리되는 듯했다. 그러나 칼 번스타인과 밥 우드워드는 사건의 진실을 밝히는 데 성공했다. 두 기자의 3년간에 걸친 끈질긴 추적 보도로 미국 닉슨 대통령은 미국 역사상 임기 중 사퇴한 최초의 대통령으로 기록됐다.

> 날로 다원화하는 언론 환경에서 저널리즘의 원칙과 책무에 충실한 윤리적 언론은 시대의 요청이다.

언론의 사회적 책임

뉴스를 제공하는 포털은 언론일까? 시사를 다루는 유튜버는 저널리스트일까? 더 이상 언론은 어떠한 형태와 규모로 규정짓고 정의할 수 없다. 이제 시민 누구나 기자가 될 수 있고 언론의 역할을 할 수 있다.

그러나 늘어난 언론사의 수만큼 언론사 간 경쟁이 치열해지면서 각종 허위·과장 선정보도가 이어지고 있다. 이로 인해 사회 갈등과 혐오, 사생활 침해, 명예훼손과 같은 피해가 늘고 있다. 공공의 이익과 공동체의 발전을 위해 일해야 할 언론이 본래 목적을 잃었다. 이제 언론의 존재 이유에 대해 다시 물을 수밖에 없다. 언론의 사회적 책임이 그 어느 때보다 강조된다.

> 사실을 부정하고 믿고 싶은 바를 진실로 받아들이는 시대에 진실 추구의 중요성은 그 어느 때보다 크다.

탈진실의 시대

객관적 사실보다 개인적인 신념과 감정이 더 큰 영향을 미치는 탈진실(post-truth) 시대다. 탈진실은 확증편향, 침묵의 나선이론, 인지부조화, 집단동조 등과 같은 인간 심리와 결합해 사회를 갈수록 혼란스럽게 만들고 있다. 말과 글, 영상으로 개인이나 집단을 도발해 자신에 대한 관심(조회수)을 끌어올리는 '프로보커터(provocateur)'들도 득세하고 있다.

이렇듯 객관성과 공정성을 잃은 편향적인 보도는 사회 구성원간 갈등이 더욱 증폭시키고 있다. 그렇기에 언론은 진실을 무기 삼아 거짓과 불순한 의도에 맞서 싸워 이길 때다.

> 윤리적 언론은 정확한 사실을 종합적이고 포괄적인 맥락으로 전달한다.

언론의 사회적 책임

"언론은 진실하고, 포괄적이고, 지적인 의미를 부여하는 맥락에서 사건들을 보도해야 한다"

–'자유롭고 책임 있는 언론', 허친스위원회 보고서

언론은 마감이라는 시간 제약, 부정확한 소식통으로 오보를 내거나 사실을 왜곡하기도 한다. 한 사람의 의견이 마치 집단의 전체 의견인 양 확대하여 해석하거나, 편의에 따라 사실 중 일부만 부각해 보도하기도 한다. 이는 독자의 눈과 귀를 멀게 하는 기만적인 행태다. 언론은 피상적 보도를 넘어 맥락 속에 담긴 실체적 진실을 보도해야 한다.

> 정확성은 신속성에 우선한다. 모든 정보를 성실하게 검증하고 명확한 근거를 바탕으로 보도한다.

메인호 폭발 사건과 황색언론

1898년 쿠바 아바나항에 정박 중이던 미국 전함 메인호가 폭발하는 사건이 발생했다. 당시 미국의 황색언론(Yellow Journalism)은 폭발 원인이 제대로 밝혀지지 않았음에도 스페인의 소행으로 단정하고 왜곡, 허위 보도를 이어갔다. 이는 결국 미국-스페인 전쟁을 촉발했다. 하지만 지금까지도 정확한 사건의 원인은 밝혀지지 않았다.

국내에서는 '세월호 전원구조'라는 오보가 돌이킬 수 없는 상처와 피해를 줬다. 이러한 최악의 오보는 사실 확인이 부족한 받아쓰기식 보도가 원인으로 지목됐다. 언론은 침몰 원인과 관련해서도 온갖 음모론을 쏟아낼 뿐 명확한 진상 규명에는 소홀한 모습을 보여 유가족들로부터 지탄을 받았다.

> 취재원 발언을 정확히 인용하며 발언 취지가 왜곡되지 않도록 한다.

따옴표 저널리즘

취재원의 발언을 검증 없이 그대로 받아쓰는 것을 '따옴표 저널리즘'이라고 한다. 발언의 사실 여부를 파악하는 과정을 생략한 부정확한 보도라고 할 수 있다. 인용문을 변경, 조작, 왜곡하는 보도도 찾아볼 수 있다. 모두 언론윤리에 어긋나는 행위다. 언론이 취재원과 독자에게 신뢰받기 위해서는 '양치기 소년'이 되는 일을 해선 안 된다. 취재원의 의도와 사실을 명백히 확인해 발언을 인용해야 한다.

인용문 변경은 의도를 갖고 사람들의 판단이나 행동을 특정한 방향으로 끌고 가는 '프로파간다(propaganda)'를 위해 일반적으로 사용하는 기법이다. 이를 통해 상대를 어리석거나 현명하게 보이도록 한다. 가장 교묘하고 비윤리적인 행태라는 비난을 받는다. 취재원의 발언 인용 시 문법에 맞지 않거나 지나친 표현은 약간씩 다듬는 게 관례이지만 부정직한 의도와 조작은 정당하지 못한 설득 방법이다.

> 진실을 밝히기 위해 용기 있고 성실한 태도를 견지한다.

탐사보도의 힘

미국 보스톤 글로브 탐사 보도팀은 가톨릭 사제들의 아동 성추행과 교단의 조직적 은폐를 끈질기게 추적해 진실을 밝혀냈다. 미국 워싱턴포스트는 국방부 기밀문서인 이른바 '펜타곤 페이퍼'를 입수해 베트남 전쟁의 숨겨진 진실을 공개했다. 이외에도 미라이 학살 사건, 박종철 고문치사 사건, 최순실 국정농단 사건 등 모두 진실을 파헤치는 용기 있는 언론인이 있어 가능했다.

> 사실과 의견을 분리하고, 의도와 기술방식이 진실을 가리지 않도록 양심에 따라 보도한다.

언론의 균형추

언론인이 신문과 방송 등에서 사실만을 전달하지 않고 개인적인 의견까지 밝히는 경우가 있다. 인터넷 방송에서는 단순히 사실만을 전달하는 것에서 더 나아가 대중과의 의견교환과 논평이 함께 이뤄지는 경우가 빈번하게 발생하고 있다. 그 때문에 보도의 공평성과 중립성을 지키고 표현의 자유와 명예권의 충돌 문제를 해결하기 위해 사실과 의견의 구분이 저널리즘에서 중요한 문제로 떠오르고 있다.

또 기사 속 표, 사진, 영상, 자막, 그래프, 통계, 재현 등이 의도적으로 조작 및 왜곡되는 행태가 늘고 있다. 그렇기에 자료 출처, 데이터 분석, 기술 사용에서 철저한 검증과 주의를 필요로 한다.

2) 투명성과 설명책임

> 윤리적 언론은 정보원과 취재 과정 등을 가능한 한 투명하게 알리고, 문제 제기에 책임 있게 설명한다.

언론의 책무

기자가 사실(fact)을 보도하면, 그 보도의 사실과 보도 과정을 독자가 확인하고 검증하는 시대다. 국내에서는 뉴스타파가 DATA 포털을 통해 보도에 활용한 원본 데이터를 공개하고 있다. 기자가 취재원에게 얻은 정보를 어떻게 독자들에게 전달하는지 전 과정을 투명하게 밝히면 언론 신뢰도는 높아지며 이를 바탕으로 건전한 공론장이 마련될 수 있다. 이렇듯 투명성은 누가 기사를 작성했는지부터 어떻게 정보를 얻었는지 등 취재 과정을 명확하게 밝히는 것이다. 이를 바탕으로 언론은 스스로 사회적 역할과 책임에 대해 관리 및 평가하면서 그 결과를 투명하게 공개하고 설명하는 이른바 '설명책임'도 갖고 있다.

> 윤리적 언론은 독자와 시청자가 정보에 대해 스스로 판단할 수 있도록, 취재원 보호 등 필요한 경우를 제외하고는 정보의 출처를 명확히 밝힌다.

익명성의 함정

워싱턴 포스트 로버트 우드워드 기자와 칼 번스타인 기자의 워터게이트 사건 보도는 익명제보자 '딥 스로트(deep throat)'의 정보가 결정적이었다. 취재원은 가능한 한 공개돼야 하지만 취재원의 비밀을 지켜주는 것 또한 당연하게 받아들여지고 있다.

그러나 익명의 취재원은 독자가 확인할 방법이 없기 때문에 정보의 비대칭성 문제가 발생할 수밖에 없고 기사의 신뢰성을 하락시킨다. 언론은 왜 익명의 취재원을 사용할 수밖에 없는지 독자들에게 알려줘야 하며, 이에 따른 추가적인 심층 취재를 진행해야 한다.

> 보도에 대한 의문과 비판에 열린 자세로 소통하며, 잘못이 있다면 신속하고 분명하게 바로잡는다.

날조된 '지미의 세계'

1981년 워싱턴 포스트의 기자 자넷 쿡은 어린 소년의 마약중독을 다룬 '지미의 세계(Jimmy's World)'라는 기사로 기획기사부문 퓰리처상을 받았다. 해당 기사는 워싱턴의 흑인 빈민가에서 지미라는 8살 소년이 코카인 중독이 되어가는 과정을 담은 르포 기사였다.

그러나 이 기사는 모두 날조된 것으로 드러났다. 시 당국이 지미라는 아이를 찾으려고 했지만 결국 찾지 못해 워싱턴 포스트를 내부 조사한 결과 모두 거짓임이 드러난 것이다. 그러자 워싱턴 포스트는 신문 1면에 "우리는 사과합니다"로 시작하는 사설을 게재했으며 진상조사를 통해 밝혀진 내용을 총 4쪽에 걸쳐 보도했다. 언론이 실수와 잘못을 인정하고 바로잡는 태도는 독자의 용서와 신뢰를 받는 길이다.

> 보도에 영향을 미친 외부 지원과 후원 및 이해상충 소지 등에 대해서도 정직하게 밝힌다.

언론의 정직성

언론이 공중의 이해와 상반되는 권력을 가진 집단으로부터 부당한 영향을 받지 않아야 한다. 이는 독자에게도 속한다. 독자의 올바른 판단을 위해 기사에 광고 여부를 표기하고 공개해 독자를 기만하거나 현혹해서는 안 된다. 또 광고주에 편향되거나 자사 이기주의에 빠진 보도를 지양해야 한다. 언론의 공익성과 공공성을 지키기 위해 언론의 정직한 태도가 우선돼야 한다.

3) 인권보호

> 윤리적 언론은 취재 대상을 존중한다.

가차저널리즘

가차(Gotcha)는 "I got you(딱 걸렸다)"의 줄임말로 언론이 특정인의 비리나 실수를 마구잡이로 공격해 망신 주기식으로 보도하는 저널리즘을 뜻한다. 이 과정에서 언론은 보도를 위해 취재원을 도구화하고 그들의 인격권을 침해하고 있다는 비난을 벗어날 수 없다. '모든 인간은 태어날 때부터 자유롭고 존엄하며 평등하다'는 진리를 바탕으로 표현의 자유와 알 권리를 지켜야 한다.

공공의 이익을 위해 보도할 가치가 있는 정보를 취재하고 전달할 경우에도 개인의 인권과 존엄성을 침해하지 않도록 한다.

O.J.심슨 사건

1994년 아내와 아내의 친구를 살해했다는 혐의로 재판받게 된 미국의 유명 풋볼선수 O.J.심슨에게 전 세계의 관심이 쏠렸다. 언론은 재판 과정과 그의 일거수일투족을 생중계하며 온 세상의 구경거리로 만들었다.

뉴스코퍼레이션 루퍼트 머독 회장은 심슨이 무죄를 받자 『만일 내가 그 일을 저질렀다면』이라는 제목의 책 출간과 관련 인터뷰를 제안하기도 했으나 비난 여론에 밀려 이 프로젝트는 무산됐다. 선정성과 상업성에 찌든 언론의 민낯을 그대로 보여준 씁쓸한 사건이다.

미숙하고 동의 능력이 없는 취재원, 사건 피해자 등을 취재할 때는 절차적 정당성과 가장 높은 수준의 인권 감수성을 가지고 주의를 기울인다.

미성년자 취재 윤리

세월호 참사 당시 일부 언론은 영화 〈타이타닉〉과 엮어 사건을 기사화했으며, 구조된 6세 어린이에게 인터뷰를 시도했다. 미투 운동 보도와 관련해서는 피해 사실을 구체적으로 묘사하거나 피해자의 사진 및 영상을 무분별하게 사용하기도 했다. 언론이 알 권리를 핑계 삼아 2차 가해를 행한 사례다. 언론의 무지와 특종이라는 그릇된 욕망은 괴물을 낳을 뿐이다.

> 합법적으로 획득한 정보라도 이를 보도할 때는 윤리적 정당성을 갖춰야 한다.

처널리즘

보도자료를 재구성해 뉴스를 대량 생산하는 보도 관행을 '처널리즘 (Churnalism)'이라고 한다. 이는 출입처 제도와 맞물리면서 언론의 감시 및 비판 기능을 무력하게 만든다. 언론은 독자적인 취재로 진실에 다가가기 위해 노력해야 할 것이다. 또 공익과 침해되는 인권을 고려해 보도해야 한다.

> 공인이 아닌 일반 시민에 대해 보도할 때는 인격권 보호에 더욱 주의한다.

알 권리와 인격권

노벨 문학상 수상 작가 하인리히 뵐의 책 『카타리나 블룸의 잃어버린 명예』는 언론이 한 개인을 어떻게 무참히 망가뜨리는지 보여주는 작품이다. 소설 속 황색언론은 자기 입맛과 이익대로 주인공의 사생활을 파헤치고 명예를 훼손시켜 한 인간에게 회복될 수 없는 피해를 준다. 현실 속 언론과 다를 바 없다.

범죄 사건은 일반적으로 공익에 해당하기 때문에 보도의 대상이 될 수 있지만, 이 경우에도 당해 범죄와 관련이 없는 피의자나 피고인의 사적인 사항이나 피의자의 가족 등 주위의 인물에 관한 사항을 보도하는 것은 허용되지 않는다. 혐의자나 피의자와 사적인 관계에 있는 자들은 범죄혐의와 관련되어 있지 않을 뿐만 아니라 단순한 흥밋거리는 국민의 정당한 알 권리와 아무런 관련이 없기 때문이다.

> 피의자가 공정한 재판을 받을 권리와 공중의 알권리 사이의 균형을 추구한다.

무죄추정의 원칙

"언론은 범죄 사건의 경우 헌법 제27조의 무죄추정의 원칙,
공정한 재판을 받을 권리 등 국민의 기본권을 침해하지 않도록 주의한다"
—인권보도준칙

범죄 사건의 경우 수사기관 발표와 자료에 의존해 보도하는 경향을 띤다. 이 과정에서 검증이나 취재 없이 그대로 받아쓰는 경우 오보의 위험성과 재판에 부당한 영향을 줄 가능성이 있다. 흥미 위주로 수사와 관련한 내용을 공개하고 여론재판으로 끌고 가는 보도는 무죄추정의 원칙과 공정한 재판을 받을 권리를 침해할 수 있어 주의를 필요로 한다.

4) 공정성

윤리적 언론은 특정 집단, 세력, 견해에 치우치지 않고 공평무사한 자세로 보도한다.

땡전뉴스

80년대 5공화국 시절 공영방송 KBS는 오후 아홉 시가 되면 '땡' 소리와 함께 전두환 대통령 소식을 첫 뉴스로 보도했다. 당시 문화공보부는 보도 여부부터 보도 방향, 내용, 형식까지 결정하며 언론 통제를 가했다.

KBS에는 전두환 영상만 취급하는 전용 편집실까지 있었다고 한다. 이렇듯 언론이 편파, 불공정 방송을 일삼고 권력의 시녀로 전락한 모습에 분노한 국민들은 KBS 수신료 납부 거부 운동을 펼치기까지 했다.

> 사회적으로 중요한 사안이나 갈등적 사안을 다룰 때는 다양한 입장을 두루 담아 전체를 아우르는 균형 잡힌 시각과 관점을 보여준다.

언론의 프레임

'코끼리는 생각하지 마'라고 말하는 순간 코끼리가 떠오를 것이다. 이를 두고 미국 인지언어학자 조지 레이코프는 우리가 언어 '프레임'에 갇혔기 때문이라고 설명한다.

이처럼 언론은 특정 프레임(틀)을 만들고, 어떠한 태도나 선택에 영향을 미치는 프레이밍 효과(틀 짜기 효과)를 불러일으킨다. 언론이 보여주는 틀에 따라 세상을 보게 되는 만큼, 공정한 프레임으로 편견과 왜곡이 발행하지 않게 보도해야 한다.

5) 독립성

윤리적 언론은 모든 권력으로부터 독립해 오로지 시민과 공익의 관점에서 자율적이고 전문적으로 판단한다.

감시견으로서의 언론

언론은 권력을 감시하는 감시견(watch dog), 권력에 아부하는 애완견(lap dog), 자기 진영과 이익만 지키려는 경비견(guard dog), 중요한 이슈에 침묵하는 슬리핑독(sleeping dog), 책임 있는 비판의 수준을 넘어 공격을 일삼는 공격견(attack dog)으로 비유된다. 가장 이상적인 언론은 바로 감시견으로서의 역할을 다하는 것이다. 언론은 이러한 감시견 기능으로 '제4부', '제4계급'으로도 불린다.

언론사 안팎의 부당한 간섭과 압력을 거부하고 언론의 자유와 보도의 자율성을 지킨다.

보도지침 사건

"'보도지침'을 폭로했다 하여 이 법정에 서서 재판을 받고 있는
지금이야말로 '한국 언론의 26시'다."

―신홍범 법정진술

전두환 정권은 문공부를 통해 언론사에 '보도지침'을 내려보내 보도 통제를 했다. 보도 여부부터 기사의 형식, 배치, 구성까지 지시했다. 당시 김주언 한국일보 기자는 1985년 10월 19일부터 1986년 8월 8일까지 10개월 동안 시달된 584개 보도지침을 민주언론운동협의회(민언협)에 전달했다.

민언협은 1986년 9월 월간 말지에 특집호를 발행해 전두환 정권의 언론 통제를 폭로했다. 이 사건으로 김주언 기자와 김태홍 민언협 사무국장, 신홍범 실행위원 등 3명이 국가보안법 기밀누설 · 이적표현물 제작 등의 혐의로 구속됐다가 9년 만인 1995년 무죄 판결을 받았다.

> 독자와 시청자의 의견과 비판을 겸허하게 경청하고 보도에 반영하되, 건전한 비판 보도를 막으려는 의도적이고 집단적인 공격에 위축되지 않는다.

오적 필화 사건(五賊筆禍事件)

오적 필화 사건은 1970년 5월 사상계에 실린 김지하의 담시(譚詩) '오적(五賊)'으로 인해 발생한 필화사건이다. 김지하는 재벌과 국회의원, 고위공무원, 장성, 장 · 차관 등을 을사오적에서 따온 '오적'으로 표현했다. 당시 박정희 정부는 사상계의 시판을 중단하도록 했으나 6월 1일 자로 신민당 기관지에 '오적'이 실리자 김지하와 사상계 관계자들을 반공법 위반 혐의로 구속기소 했다. 사상계는 그 여파로 1970년 9월 27일 자로 폐간됐다.

과거에는 언론이 정부와 권력에 탄압당하는 수모를 겪었다면, 디지털 시대에는 사이버 공격에 위기를 맞고 있다. 익명에 기댄 무차별적인 댓글 테러는 언론인의 자기검열을 촉진하고 사기를 저하한다. 언론은 이러한 행위에 적극적으로 대응해 언론의 자유를 지킬 방법을 조직적인 차원뿐만 아니라 사회적인 차원에서도 강구해야 한다.

> 상업적 이해가 보도에 영향을 미치지 않도록 한다.

프로모셔널 저널리즘

언론의 우호적 보도와 기업 광고의 상호 대가성 교환 형태를 '프로모셔널 저널리즘(promotional journalism)'이라고 한다. 더 나아가 언론은 광고주에 민감한 기사는 축소해 보도하거나 비(非)보도하고, 광고주의 경제 비리 사건에 유리한 여론을 만들어주기도 한다. 이렇듯 상업적 이해가 부적절하게 얽히면 보도의 공정성과 독립성이 훼손되게 된다. 대부분 언론사의 매출이 광고에서 나오는 만큼 언론과 광고주의 건전한 관계 재설정이 필요하다.

6) 불편부당성

> 윤리적 언론은 다양한 사회집단과 세력이 자신들의 의사를 표현하고 소통함으로써 합의를 모색하는 공론의 장을 제공한다.

현대의 공론장

언론은 다양한 이들의 목소리를 전달해 토론과 소통의 공간인 공론장을 열어 주고, 여론을 형성해 민주주의를 실현하는 역할을 한다. 그러나 권력이나 자본에 끌려다니는 언론은 공정하지 못한 보도로 왜곡된 여론을 낳아 결국 비이성적인 싸움터만 양산한다. 언론은 올바른 공론장을 마련하기 위해 정확성, 다양성, 개방성, 독립성 등을 확보해야 한다.

> 다양한 사람의 참여를 보장하고, 이들의 의견이 공정하게 전달되고 교류되도록 한다.

해장국 저널리즘

강준만 전북대 교수는 해장국처럼 수용자의 속을 후련하게 만들어주는 보도를 '해장국 저널리즘'이라고 정의했다. 다시 말해 특정 진영에 속한 수용자의 입맛에 맞는 보도를 하는 언론이 득세하고 있는 현상을 일컫는다. 이는 보고 싶은 것만 보고, 듣고 싶은 것만 듣고자 하는 '확증편향을 강화한다. 결국 타인을 배척하고 자기 생각에만 매몰돼 왜곡된 눈으로 세상을 바라보게 된다. 독자의 비판적인 사고를 끌어내기 위해 언론은 다양한 목소리를 담아야 한다.

> 대립하는 관점과 주장이 표출되고 조정될 수 있는 토론장을 제공함으로써 사회가 갈등과 이질성을 조화롭게 극복할 수 있도록 돕는다.

드레퓌스 사건

1894년 프랑스의 유대인 장교 드레퓌스가 조작된 증거로 억울하게 독일에 군사정보를 제공했다는 혐의를 받고 종신형을 선고받았다. 당시 언론은 애국주의와 반유대주의를 부추기며 그를 진범으로 몰았다. 1896년 드레퓌스의 무죄를 입증할 만한 증거가 발견되자 재심 여부를 두고 여론은 극렬하게 갈렸다. 그러한 가운데 1898년 에밀 졸라가 로로르지에 〈나는 고발한다...!〉라는 제목으로 대통령을 향한 공개서한을 발표했다.

졸라는 이 글을 통해 진실을 은폐한 장교들의 실명까지 거론하며 관련자들을 고발했다. 그러자 졸라를 지지하는 여론이 거세졌고 이는 드레퓌스가 재심받게 되는 데 일조했다. 드레퓌스는 결국 기나긴 재판 끝에 무죄를 선고받았다. 진실을 향한 졸라의 용기 있는 행동은 여전히 찬사받고 있다.

> 진영논리에 빠져 특정 세력을 편들거나 반대 세력을 과도하게 공격
> 하지 않으며, 차이와 불화를 침소봉대해 갈등을 극대화하는 보도 태
> 도를 지양한다.

매카시즘

조지프 매카시는 1950년 2월 9일에 열린 한 행사 연설에서 "국무성에 근무하는 공무원 중 당원증까지 가진 공산당원 205명의 리스트가 있다" 고 주장했다. 그 명단은 FBI의 단순 조사 대상자 명단에 불과했다. 그러나 언론은 매카시의 주장을 검증하지 않은 채 그의 주장을 받아 적는 데만 급급했고, 결국 무고한 사람들이 반공주의자로 몰렸다. 이후 언론인에드워드 머로우가 매카시와 관련한 다큐멘터리를 제작해 그의 거짓과실체를 면면히 폭로하자 대중들은 매카시에 등을 돌렸다.

현재 매카시즘(McCarthyism)은 정치적 반대집단을 공산주의자로 몰아 탄압하려는 태도라는 뜻으로 쓰인다. 매카시즘의 득세와 몰락 속에서 저널리즘의 공과 실을 볼 수 있다.

> 역사적 사실을 부정하는 시도에 대해서는 그 배경과 맥락을 파악해
> 비판적으로 전달한다.

언론 투쟁 역사

"우리는 보았다. 사람이 개 끌리듯 끌려가 죽어가는 것을 두 눈으로

똑똑히 보았다. 그러나 신문에는 단 한 줄도 싣지 못했다.

이에 우리는 부끄러워 붓을 놓는다."

— 1980년 5월 20일 전남매일신문기자 일동

한국기자협회는 2006년, 매년 5월 20일을 '기자의 날'로 공식 제정했다. 전두환 신군부의 사전검열에 맞서 기자협회를 중심으로 한 기자들이 1980년 5월 20일 0시를 기해 언론 검열 철폐와 제작 거부 투쟁을 외치며 광주 항쟁에 동참한 것을 기리는 위해서다.

하지만 광주의 진실을 왜곡하려는 불순한 세력과의 싸움은 아직도 진행 중이다. 언론은 역사 앞에 당당하기 위해 진실한 기록을 멈추지 않아야 할 것이다.

7) 다양성과 평등성

윤리적 언론은 모든 사람이 존중받는 세상을 위해 차별과 편견을 줄이려 노력한다.

차별을 이기는 말

KBS 이재후 아나운서는 '2020 도쿄올림픽' 폐막식 중계방송을 마무리하면서 "비장애인 올림픽 중계방송을 마칩니다"라고 말해 호평받았다. 장애인의 반대말을 일반인 또는 정상인으로 표현하는 것은 차별적인 표현이므로 '비장애인'으로 써야 한다. 이렇듯 언론이 평등한 언어를 사용해 장애인과 관련한 인식 개선 효과를 낳은 올바른 사례다.

> 언론은 다양한 사회적 가치와 문화적 차이를 인정하고 이를 존중한다.

언론이 부추긴 혐오

2018년 예멘 출신 난민 500여 명이 제주도로 입국하자 언론은 앞다퉈 이들의 나라와 문화, 종교에 대한 무차별적인 허위·왜곡 보도를 이어갔다. 이는 난민에 대한 편견과 혐오 감정만 불러일으키는 결과를 초래했다.

코로나19가 터진 2020년에는 한 언론이 서울 영등포구 대림동이 발병지인 중국 우한과 관계없음에도 중국인 밀집 지역인 대림동 차이나타운을 르포한 기사를 보도했다. 이 기사는 중국 혐오 정서를 자극했고, 중국인 입국 금지 청원에 불을 붙이기까지 했다. 언론이 특정 인종이나 국가의 문화나 관습을 비하하고 차별하는 데 앞장선 부끄러운 사례다. 언론은 성숙하고 책임 있는 자세로 인간의 존엄성을 보호하는 데 앞장서야 한다.

> 편견과 차별이 발생하는 구조를 발굴·보도해 사회적 의제로 확산시킨다.

넬리 블라이

미국의 저널리스트이자 작가인 넬리 블라이는 사회적 편견과 차별에 맞서 싸워온 인물로 평가된다. 그는 한 신문에 실린 성차별적인 칼럼에 반박해 쓴 글을 계기로 기자의 길을 걷게 됐다. 1887년 그는 정신병자로 위장해 블랙웰스 섬의 정신병원에 들어가 그곳의 참담한 실태를 알렸다. 넬리 블라이의 기사는 큰 반향을 불러일으켜 의료 시스템을 개선하는 데 큰 역할을 했다. 이처럼 기자가 체험하고 그 경험을 기사화하는 것을 '스턴트 저널리즘'이라고 한다. 진실을 찾기 위해 온몸을 내던진 넬리 블라이. 그는 세상을 바꾼 기자로 기억되고 있다.

> 고정관념과 편견을 부추기는 표현, 특정 계층·지역을 비하하는 표현, 성차별 표현, 사람을 성적으로 대상화하는 표현을 삼간다.

기울어진 운동장 바로 세우기

언론은 평등한 사회를 만들기 위해 앞장서야 하지만 성 역할의 고정관념을 조장하고 남녀 편 가르기식 보도로 혐오와 갈등을 낳고 있다. 또 특정 계층이나 출신의 범죄자를 부각해 보도하거나 피해자다움을 주입하고 약자를 시혜적인 시선으로 바라보고 있다.

언론이 사람들의 인식과 사회여론 형성에 큰 영향력을 미치는 만큼 표현에 주의해야 한다. 언론은 사회 갈등을 해소하고 기울어진 운동장을 평평하게 만드는 본연의 임무에 충실하도록 노력해야 한다.

8) 기자의 품위유지

> 윤리적 언론은 취재보도 과정에서 정당한 방법을 사용하고, 취재원에게 예의를 갖춘다.

황우석 논문 조작 사건

황우석 교수의 배아줄기세포 논문조작 사건의 진실을 파헤친 MBC 'PD수첩' 보도는 당대 최고의 특종이었다. 그러나 취재 과정에서 유도 질문, 몰래카메라 사용 등이 드러나 국민적 질타를 받았다. 제아무리 진실을 밝혔다고 해도 비윤리적인 방법을 사용했다면 보도의 정당성을 얻었다고 보기 어렵다. 대의를 위해, 거악을 물리치기 위해 희생은 불가피하다는 식의 행태는 뿌리 뽑아야 할 것이다. 만약 내가 그런 일을 당했다 하더라도, 괜찮다고 할 수 있을까.

> 취재원과는 공과 사를 분명히 구분하고, 적절한 긴장 관계를 유지한다.

불가근불가원

떼거리 저널리즘(Pack Journalism)은 취재 방법이나 취재 관점 등에 독창성이 없어 획일적이고 개성 없는 저널리즘을 뜻한다. 이는 출입처 제도와도 밀접하게 연관돼 있다. 장기간 출입처의 정보원들과 시간을 보낸 기자들은 이들과 사고가 매우 유사해지게 된다. 기자들끼리도 출입처라는 같은 공간에서 함께 생활하다 보면 비슷한 사고방식을 갖게 된다. 또 출입처에서 정보를 얻기 위해 기자들은 출입처와 우호적인 관계를 유지할 수밖에 없다. 출입처 역시 긍정적인 보도를 위해 협조적인 관계를 맺게 된다.

대다수 언론이 출입처에 의존하고 있는 현실 속에서 언론의 권력과 자본의 감시 및 견제 역할이 제대로 이뤄질 수 없는 게 자명하다. 이러한 출입처 중심 구조를 바꾸기 위해 KBS는 지난 2019년 '출입처 제도 폐지'를 밝히며 출입처 개혁에 앞장서고 있다.

공익을 위해 일하는 언론인은 사사로운 감정에 이끌리지 않고 공과 사를 명확히 구분해 언론의 공정성과 투명성을 지키고 위해 노력해야 한다. 또 취재원과는 너무 가까이도 하지도 너무 멀리도 하지 않는 '불가근 불가원(不可近不可遠)'의 관계를 유지해야 함을 명심해야 한다.

> 취재 과정에서 알게 된 정보를 이용해 금전적 또는 사적 이익을 추구하지 않는다.

이해상충

일부 기자들이 취재 과정에서 얻은 정보로 금전적 이익을 얻은 사건을 심심치 않게 접한다. 이처럼 기자라는 이유로 먼저 접하게 된 미공개 정보를 주식 투자나 부동산 거래에 이용하면 법적 처벌을 받을 수 있다. 이는 불공정거래 행위로 법적 처벌을 피해 갈 수 없는 범죄이다.

무엇보다도 언론윤리를 심각하게 위반하는 처사다. 이는 개인의 이해관계와 직업윤리가 충돌하는 '이해 상충'에 해당하며 결국 언론의 신뢰와 정직에 흠집을 낸다. 다수의 언론윤리규정에서도 언론인의 주식, 증권, 부동산 등과 관련한 정보의 부당 이용을 금하고 있다.

> 취재원으로부터 정당한 이유가 없는 혜택과 편의를 제공받지 않으며 부당한 청탁이나 압력을 행사하지 않는다.

김영란법의 탄생

과거 언론인이 정부 관리와 기업인으로부터 촌지를 건네받는 일이 비일비재했다. 급기야 1991년 수서 택지 분양 건과 관련해 서울시청 출입 기자단이 촌지를 받은 사건과 보건사회부(현 보건복지부) 기자단이 기업으로부터 거액의 촌지를 수수한 사건이 연이어 터지면서 언론 부패의 심각성이 수면위로 드러냈다.

언론계는 곧바로 윤리지침을 마련하고 자정 노력에 나섰다. 이에 그치지 않고 청탁금지법인 '김영란법'에 언론인도 포함되기까지 했지만, 여전히 촌지 문화는 근절되지 않고 있다. 언론이 권력을 감시하고 비판할 자격을 얻기 위해서는 먼저 언론인 스스로가 깨끗해야 가능하다는 점은 여전한 진리다.

9) 디지털 환경과 미디어

> 참여와 공유를 통해 시민과의 소통을 확대하고 상호 협력해 뉴스를 생산하고 내용을 발전시킨다.

역의제설정

미디어가 특정한 주제를 선택하고 강조하면 수용자는 이를 중요한 의제로 인식하게 만드는 '의제설정'은 언론의 고유 기능으로 꼽힌다. 이제는 인터넷과 소셜미디어의 발달로 수용자가 공중의제를 설정, 확산하고 미디어가 이를 보도하는 '역의제설정' 현상이 불고 있다.

쌍방향 커뮤니케이션이 가능한 시대에 시민은 수용자에 머물지 않고 참여자, 생산자의 기능도 하고 있다. 시민저널리즘의 확산은 전통 언론의 한계를 타파하고 민주적인 공론장을 마련하는 데 일조할 것으로 전망된다.

> 인터넷과 소셜미디어 등을 통한 취재는 익명성을 악용한 허위정보와 여론 조작 위험 등을 감안해 더욱 신중하게 사실을 검증한다.

언론이 불 지핀 마녀사냥

디지털 기술 발달로 뉴스는 초 단위로 빠르게 전파된다. 그렇기에 오보(誤報)는 돌이킬 수 없는 재앙이 될 수 있다. 매체 증가에 따른 매체 간 경쟁과 온라인 기사 송고 시스템으로 뉴스 발행의 시간적 제약이 사라지자 정확성 대신 신속성이 강조되면서 제대로 된 팩트 체크 과정을 거치지 않고 발행되는 기사들이 늘고 있다. 이 때문에 언론 신뢰 하락과 사회 혼란을 겪고 있다. '240번 버스 사건', '채선당 임산부 폭행 사건'은 언론이 명확한 사실을 확인하지 않은 채 기사화해 사회적인 물의를 일으킨 대표적인 사례다.

한쪽의 일방적인 의견을 사실인 마냥 받아서 무고한 희생자를 낳은 부끄러운 사건이다. 영국 BBC의 경우 출처가 다른 정보를 교차로 확인해 정보가 일치하지 않으면 보도를 자제하는 '투 소스 룰(Two source rule)' 원칙을 고수하고 있다. 언론 보도로 인한 피해를 막기 위해서는 엄격한 내부 원칙과 방침이 필요하다.

> 다른 언론사 기사를 복제하거나 표절하지 않으며, 독자적으로 취재하고 작성해 보도한다.

팩트 체킹

2011년 워싱턴 포스트는 타사 기사 표절한 새리 호로비츠 기자에게 중징계를 내렸다. 2003년 뉴욕타임스는 타사 기사를 표절하고 조작한 제이슨 블레어 기자를 파면 처분했다. 이러한 사건들을 계기로 언론들은 내부에 기사 발행 전 기사의 사실을 검증하는 팩트 체킹 시스템을 강화했다.

그러나 국내 언론은 게이트 키핑과 팩트 체킹 과정이 제대로 이뤄지고 있다고 보기 어렵다. 현재 타사 기사를 살짝 바꿔 베끼는 관행인 '우라까이'라는 은어를 모르는 언론인은 찾아보기 어려울 정도다. 표절은 저작권 침해이자 범죄임을 명심해야 한다. 또 직접 발굴하고 취재한 기사를 쓰기 위해 노력해야 한다.

> 독자의 주목을 끌기 위해 선정적이거나 오도하는 제목을 쓰지 않으며 기사를 수정했을 경우 수정의 내용과 이유를 독자가 알 수 있게 표시한다.

클릭베이트 뉴스

자극적인 제목으로 독자들을 끌어들이는 '낚시성 기사'를 일컬어 '클릭베이트 뉴스(clickbait news)'라고 부른다. 선정적이고 기만적인 헤드라인의 기사를 접한 독자는 언론에 대한 불신이 생길 수밖에 없다. 이러한 행태는 중요한 뉴스마저 소외당하게 만드는 만큼 언론사 자체적인 자정 노력이 절실하다.

잘못된 기사 내용을 어떠한 알림 없이 은근슬쩍 고치는 악습도 문제다. 독자는 그릇된 정보를 접하고도 이를 교정할 기회를 놓쳐 오보를 진실처럼 믿고 전파하게 된다. 뉴욕타임스와 가디언은 자체적으로 기사 수정 및 정정 사항을 날짜별로 모두 공개하고 있다.

<h2>〈언론윤리헌장 전문〉</h2>

- 서문

언론은 시민을 위해 존재하며, 시민의 신뢰는 언론의 가장 소중한 자산이다. 시민의 알권리를 충족하고 민주주의 가치를 실현하기 위해 자유롭고 책임 있는 언론이 필요하다. 언론은 인권을 옹호하며, 정의롭고 평화로운 공동체를 추구한다. 이를 위해 정확하고 공정한 보도를 통해 시민의 올바른 판단과 의사소통을 도우며, 다양한 가치와 의견을 균형 있게 대변함으로써 사회 통합을 위해 노력한다. 아울러 권력을 감시하고 비판해 사회 정의를 실현하고 민주주의를 발전시키는 데 기여한다. 날로 다원화하는 언론 환경에서 저널리즘의 원칙과 책무에 충실한 윤리적 언론은 시대의 요청이다. 이에 우리는 매체와 분야, 형태에 관계없이 보도와 논평에 종사하는 모든 언론인이 실천해야 할 핵심 원칙을 담아 언론윤리헌장을 선언한다.

1. 진실을 추구한다.

윤리적 언론은 진실을 보도한다. 진실 추구는 언론의 존재 이유다. 사실을 부정하고 믿고 싶은 바를 진실로 받아들이는 시대에 진실 추구의 중요성은 그 어느 때보다 크다. 윤리적 언론은 정확한 사실을 종합적이고 포괄적인 맥락으로 전달한다. 정확성은 신속성에 우선한다. 모든 정보를 성실하게 검증하고 명확한 근거를 바탕으로 보도한다. 취재원 발언을 정확히 인용하며 발언 취지가 왜곡되지 않도록 한다. 진실을 밝히기 위해 용기 있고 성실한 태도를 견지한다. 사실과 의견을 분리하고, 의도와 기술방식이 진실을 가리지 않도록 양심에 따라 보도한다.

2. 투명하게 보도하고 책임 있게 설명한다.

윤리적 언론은 정보원과 취재 과정 등을 가능한 한 투명하게 알리고, 문제 제기에 책임 있게 설명한다. 윤리적 언론은 독자와 시청자가 정보에 대해 스스로 판단할 수 있도록, 취재원 보호 등 필요한 경우를 제외하고는 정보의 출처를 명확히 밝힌다. 보도에 대한 의문과 비판에 열린 자세로 소통하며, 잘못이 있다면 신속하고 분명하게 바로잡는다. 보도에 영향을 미친 외부 지원과 후원 및 이해상충 소지 등에 대해서도 정직하게 밝힌다. 투명성과 설명책임은 언론인 개인뿐 아니라 언론사 조직의 공동책임이다.

3. 인권을 존중하고 피해를 최소화한다.

윤리적 언론은 취재 대상을 존중한다. 공공의 이익을 위해 보도할 가치가 있는 정보를 취재하고 전달할 경우에도 개인의 인권과 존엄성을 침해하지 않도록 한다. 특히 미숙하고 동의 능력이 없는 취재원,

사건 피해자 등을 취재할 때는 절차적 정당성과 가장 높은 수준의 인권 감수성을 가지고 주의를 기울인다. 합법적으로 획득한 정보라도 이를 보도할 때는 윤리적 정당성을 갖춰야 한다. 공인이 아닌 일반 시민에 대해 보도할 때는 인격권 보호에 더욱 주의한다. 피의자가 공정한 재판을 받을 권리와 공중의 알권리 사이의 균형을 추구한다.

4. 공정하게 보도한다.

윤리적 언론은 특정 집단, 세력, 견해에 치우치지 않고 공평무사한 자세로 보도한다. 사회적으로 중요한 사안이나 갈등적 사안을 다룰 때는 다양한 입장을 두루 담아 전체를 아우르는 균형 잡힌 시각과 관점을 보여준다. 윤리적 언론은 시시비비를 가리는 언론 본연의 역할에 충실하면서도 사회 내에 존재하는 다양한 의견의 경중을 고려해 보도 내용의 양적·질적 균형을 맞춘다. 특정한 가치와 정파적 이익에 부합하는 사실과 견해만을 선택하거나 과장하지 않는다. 기사로 인해 불이익을 볼 수 있는 개인이나 집단에는 자신을 방어하고 반론할 권리를 보장한다.

5. 독립적으로 보도한다.

윤리적 언론은 모든 권력으로부터 독립해 오로지 시민과 공익의 관점에서 자율적이고 전문적으로 판단한다. 언론사 안팎의 부당한 간섭과 압력을 거부하고 언론의 자유와 보도의 자율성을 지킨다. 독립적인 보도를 보장하기 위해 편집과 경영의 분리 원칙을 준수한다. 이를 바탕으로 모든 형태의 권력을 감시한다. 독자와 시청자의 의견과 비판을 겸허하게 경청하고 보도에 반영하되, 건전한 비판 보도를 막으려는 의도적이고 집단적인 공격에 위축되지 않는다. 상업적 이해가 보도에 영향을 미치지 않도록 한다.

6. 갈등을 풀고 신뢰를 북돋우는 토론장을 제공한다.

윤리적 언론은 다양한 사회집단과 세력이 자신들의 의사를 표현하고 소통함으로써 합의를 모색하는 공론의 장을 제공한다. 다양한 사람의 참여를 보장하고, 이들의 의견이 공정하게 전달되고 교류되도록 한다. 대립하는 관점과 주장이 표출되고 조정될 수 있는 토론장을 제공함으로써 사회가 갈등과 이질성을 조화롭게 극복할 수 있도록 돕는다. 윤리적 언론은 사회적 신뢰를 창출하고, 공동체가 믿음에 기초해 운영되도록 제 역할을 다한다. 진영논리에 빠져 특정 세력을 편들거나 반대 세력을 과도하게 공격하지 않으며, 차이와 불화를 침소봉대해 갈등을 극대화하는 보도 태도를 지양한다. 역사적 사실을 부정하는 시도에 대해서는 그 배경과 맥락을 파악해 비판적으로 전달한다.

7. 다양성을 존중하고 차별에 반대한다.

윤리적 언론은 모든 사람이 존중받는 세상을 위해 차별과 편견을 줄이려 노력한다. 언론은 다양한 사회적 가치와 문화적 차이를 인정하고 이를 존중한다. 언론은 성별, 장애, 종교, 나이, 출신 지역, 인종, 성적 지향 등을 이유로 누구도 부당하게 차별받지 않도록 감시한다. 편견과 차별이 발생하는 구조를 발굴·보도해 사회적 의제로 확산시킨다. 고정관념과 편견을 부추기는 표현, 특정 계층·지역을 비하하는 표현, 성차별 표현, 사람을 성적으로 대상화하는 표현을 삼간다.

8. 품위 있게 행동하며 이해상충을 경계한다.

윤리적 언론은 높은 도덕성을 유지하고 언론의 힘을 사적으로 남용하지 않으며 이해상충을 경계하고 예방한다. 언론인과 언론사의 도덕적이고 품위 있는 행동은 권력과 사회를 감시하고 비판하는 언론 활동에 정당성을 부여한다. 윤리적 언론은 취재보도 과정에서 정당한 방법을 사용하고, 취재원에게 예의를 갖춘다. 또 올바르고 품격 있는 언어를 쓰도록 노력한다. 취재원과는 공과 사를 분명히 구분하고, 적절한 긴장 관계를 유지한다. 취재 과정에서 알게 된 정보를 이용해 금전적 또는 사적 이익을 추구하지 않는다. 취재원으로부터 정당한 이유가 없는 혜택과 편의를 제공받지 않으며 부당한 청탁이나 압력을 행사하지 않는다.

9. 디지털 기술로 저널리즘의 가능성을 확장한다.

　윤리적 언론은 디지털 기술이 언론 활동에 미치는 변화를 적극 수용하고, 뉴스의 생산 · 유통 · 소비의 전 과정에서 기술이 독자와 시민에게 유익하게 활용되도록 노력한다. 참여와 공유를 통해 시민과의 소통을 확대하고 상호 협력해 뉴스를 생산하고 내용을 발전시킨다. 인터넷과 소셜미디어 등을 통한 취재는 익명성을 악용한 허위정보와 여론 조작 위험 등을 감안해 더욱 신중하게 사실을 검증한다. 다른 언론사 기사를 복제하거나 표절하지 않으며, 독자적으로 취재하고 작성해 보도한다. 독자의 주목을 끌기 위해 선정적이거나 오도하는 제목을 쓰지 않으며 기사를 수정했을 경우 수정의 내용과 이유를 독자가 알 수 있게 표시한다. 온라인 콘텐츠를 사용할 때는 작성자의 동의를 구하고 저작권을 보호한다.

언론과 법

언론의 자유와 책임

대한민국 헌법 제21조는 "모든 국민은 언론·출판의 자유와 집회·결사의 자유를 가진다"라며 언론의 자유를 명시하고 있다. 또한 같은 법에서는 "언론·출판은 타인의 명예나 권리 또는 공중도덕이나 사회윤리를 침해하여서는 아니 된다"며 언론의 책임도 명시하고 있다.

즉, 언론의 취재·보도의 자유는 헌법상 부여됐으며, 이에 따른 사회적 책무 또한 따른다.

언론은 국민의 알 권리를 충족해줌으로써 자유로운 여론 형성에 기여해 민주주의를 실현하는 데 중요한 역할을 한다. 그 과정에서 개인의 경제적, 정신적 피해가 발생하지 않도록 주의해야 한다.

알 권리를 추구한다는 명목으로 인격권을 침해하는 것은 용납하기 어렵다. 언론은 국민의 대리자로서 부여받은 자유에 따른 책임을 다하도록 해야 한다. 이러한 언론의 자유와 책임을 규정한 법 규정은 다음과 같다.

〈헌법〉

제21조 ① 모든 국민은 언론·출판의 자유와 집회·결사의 자유를 가진다. ② 언론·출판에 대한 허가나 검열과 집회·결사에 대한 허가는 인정되지 아니한다. ③ 통신·방송의 시설기준과 신문의 기능을 보장하기 위하여 필요한 사항은 법률로 정한다. ④ 언론·출판은 타인의 명예나 권리 또는 공중도덕이나 사회윤리를 침해하여서는 안 된다. 언론·출판이 타인의 명예나 권리를 침해한 때에는 피해자는 이에 대한 피해의 배상을 청구할 수 있다

〈민법〉

제750조(불법행위의 내용) 고의 또는 과실로 인한 위법행위로 타인에게 손해를 가한 자는 그 손해를 배상할 책임이 있다.

제751조(재산 이외의 손해의 배상) ①타인의 신체, 자유 또는 명예를 해하거나 기타 정신상 고통을 가한 자는 재산 이외의 손해에 대하여도 배상할 책임이 있다.

제764조(명예훼손의 경우의 특칙) 타인의 명예를 훼손한 자에 대하여
는 법원은 피해자의 청구에 의하여 손해배상에 갈음하거나 손해배상과
함께 명예회복에 적당한 처분을 명할 수 있다.

〈형법〉

제307조(명예훼손) ①공연히 사실을 적시하여 사람의 명예를 훼손한
자는 2년 이하의 징역이나 금고 또는 500만 원 이하의 벌금에 처한다.
②공연히 허위의 사실을 적시하여 사람의 명예를 훼손한 자는 5년 이하
의 징역, 10년 이하의 자격정지 또는 1천만 원 이하의 벌금에 처한다.

제308조(사자의 명예훼손) 공연히 허위의 사실을 적시하여 사자의 명
예를 훼손한 자는 2년 이하의 징역이나 금고 또는 500만 원 이하의 벌금
에 처한다.

제309조(출판물 등에 의한 명예훼손) ① 사람을 비방할 목적으로 신
문, 잡지 또는 라디오 기타 출판물에 의하여 제307조 제1항의 죄를 범한
자는 3년 이하의 징역이나 금고 또는 700만 원 이하의 벌금에 처한다. ②
제1항의 방법으로 제307조 제2항의 죄를 범한 자는 7년 이하의 징역, 10
년 이하의 자격정지 또는 1천500만 원 이하의 벌금에 처한다.

제310조 (위법성의 조각) 제307조 제1항의 행위가 진실한 사실로서 오로지 공공의 이익에 관한 때에는 처벌하지 아니한다.

제311조(모욕) 공연히 사람을 모욕한 자는 1년 이하의 징역이나 금고 또는 200만 원 이하의 벌금에 처한다.

〈소년법〉

소년법 제68조 (보도금지) ① 이 법에 따라 조사 또는 심리 중에 있는 보호사건이나 형사사건에 대하여는 성명·연령·직업·용모 등으로 비추어볼 때 그 자가 당해 사건의 당사자라고 미루어 짐작할 수 있는 정도의 사실이나 사진을 신문이나 그 밖의 출판물에 싣거나 방송할 수 없다. ② 제1항을 위반한 다음 각 호의 자는 1년 이하의 징역 또는 1천만 원 이하의 벌금에 처한다.

〈정보통신망법〉

제70조(벌칙) ① 사람을 비방할 목적으로 정보통신망을 통하여 공공연하게 사실을 드러내어 다른 사람의 명예를 훼손한 자는 3년 이하의 징역 또는 3천만 원 이하의 벌금에 처한다. ② 사람을 비방할 목적으로 정보통신망을 통하여 공공연하게 거짓의 사실을 드러내어 다른 사람의 명예를 훼손한 자는 7년 이하의 징역, 10년 이하의 자격정지 또는 5천만 원 이하

의 벌금에 처한다. ③ 제1항과 제2항의 죄는 피해자가 구체적으로 밝힌 의사에 반하여 공소를 제기할 수 없다.

〈가사소송법〉

제10조(보도 금지) 가정법원에서 처리 중이거나 처리한 사건에 관하여는 성명 · 연령 · 직업 및 용모 등을 볼 때 본인이 누구인지 미루어 짐작할 수 있는 정도의 사실이나 사진을 신문, 잡지, 그 밖의 출판물에 게재하거나 방송할 수 없다.

제72조(보도 금지 위반죄) 제10조에 따른 보도 금지 규정을 위반한 사람은 2년 이하의 금고 또는 100만원 이하의 벌금에 처한다.

〈공직선거법〉

제96조(허위논평 · 보도 등 금지) ① 누구든지 선거에 관한 여론조사결과를 왜곡하여 공표 또는 보도할 수 없다. ② 방송 · 신문 · 통신 · 잡지, 그 밖의 간행물을 경영 · 관리하는 자 또는 편집 · 취재 · 집필 · 보도하는 자는 다음 각 호의 어느 하나에 해당하는 행위를 할 수 없다. 1. 특정 후보자를 당선되게 하거나 되지 못하게 할 목적으로 선거에 관하여 허위의 사실을 보도하거나 사실을 왜곡하여 보도 또는 논평을 하는 행위 2. 여론조사결과 등과 같은 객관적 자료를 제시하지 않고 선거결과를 예측하는

보도를 하는 행위

〈특정강력범죄의 처벌에 관한 특례법〉

제8조(출판물 게재 등으로부터의 피해자 보호) 특정강력범죄 중 제2조 제1항 제2호부터 제6호까지 및 같은 조 제2항(제1항 제1호는 제외한다)에 규정된 범죄로 수사 또는 심리(審理) 중에 있는 사건의 피해자나 특정강력범죄로 수사 또는 심리 중에 있는 사건을 신고하거나 고발한 사람에 대하여는 성명, 나이, 주소, 직업, 용모 등에 의하여 그가 피해자이거나 신고 또는 고발한 사람임을 미루어 알 수 있는 정도의 사실이나 사진을 신문 또는 그 밖의 출판물에 싣거나 방송 또는 유선방송하지 못한다. 다만, 피해자, 신고하거나 고발한 사람 또는 그 법정대리인(피해자, 신고 또는 고발한 사람이 사망한 경우에는 그 배우자, 직계친족 또는 형제자매)이 명시적으로 동의한 경우에는 그러하지 않다.

〈언론중재법〉

제5조(언론 등에 의한 피해구제의 원칙) ① 언론, 인터넷뉴스서비스 및 인터넷 멀티미디어 방송은 타인의 생명, 자유, 신체, 건강, 명예, 사생활의 비밀과 자유, 초상, 성명, 음성, 대화, 저작물 및 사적 문서, 그 밖의 인격적 가치 등에 관한 권리를 침해하여서는 안 되며, 언론 등이 타인의 인격권을 침해한 경우에는 이 법에서 정한 절차에 따라 그 피해를 신속

하게 구제해야 한다. ② 인격권 침해가 사회상규에 반하지 아니하는 한도에서 다음 각 호의 어느 하나에 해당하는 경우에는 법률에 특별한 규정이 없으면 언론 등은 그 보도 내용과 관련하여 책임을 지지 않는다. 1. 피해자의 동의를 받아 이루어진 경우 2. 언론 등의 보도가 공공의 이익에 관한 것으로서, 진실한 것이거나 진실하다고 믿는 데에 정당한 사유가 있는 경우

제26조(정정보도청구등의 소)

① 피해자는 법원에 정정보도청구등의 소를 제기할 수 있다.

② 피해자는 정정보도청구등의 소를 병합하여 제기할 수 있고, 소송계속(訴訟繫屬) 중 정정보도청구등의 소 상호간에 이를 변경할 수 있다.

③ 제1항의 소는 제14조 제1항(제16조 제3항에 따라 준용되는 경우를 포함한다) 및 제17조 제1항에 따른 기간 이내에 제기하여야 한다. 피해자는 제1항의 소와 동시에 그 인용(認容)을 조건으로 「민사집행법」 제261조 제1항에 따른 간접강제의 신청을 병합하여 제기할 수 있다.

④ 제1항은 「민법」 제764조에 따른 권리의 행사에 영향을 미치지 아니한다.

⑤ 제1항에 따른 소에 대한 제1심 재판은 피고의 보통재판적(普通裁判籍)이 있는 곳의 지방법원 합의부가 관할한다.

⑥ 정정보도 청구의 소에 대하여는 「민사소송법」의 소송절차에 관한 규

정에 따라 재판하고, 반론보도 청구 및 추후보도 청구의 소에 대하여는 「민사집행법」의 가처분절차에 관한 규정에 따라 재판한다. 다만, 「민사집행법」 제277조 및 제287조는 적용하지 아니한다.

⑦ 법원은 청구가 이유 있는 경우에는 제15조 제3항·제5항·제6항에 따른 방법으로 정정보도·반론보도 또는 추후보도의 방송·게재 또는 공표를 명할 수 있다.

⑧ 정정보도청구등의 소의 재판에 필요한 사항은 대법원규칙으로 정한다.

제30조(손해의 배상)

① 언론 등의 고의 또는 과실로 인한 위법행위로 인하여 재산상 손해를 입거나 인격권 침해 또는 그 밖의 정신적 고통을 받은 자는 그 손해에 대한 배상을 언론사 등에 청구할 수 있다. ② 법원은 제1항에 따른 손해가 발생한 사실은 인정되나 손해액의 구체적인 금액을 산정(算定)하기 곤란한 경우에는 변론의 취지 및 증거조사의 결과를 고려하여 그에 상당하다고 인정되는 손해액을 산정하여야 한다. ③ 제1항에 따른 피해자는 인격권을 침해하는 언론사 등에 침해의 정지를 청구할 수 있으며, 그 권리를 명백히 침해할 우려가 있는 언론사 등에 침해의 예방을 청구할 수 있다.

언론보도 피해의 구제

언론의 오보나 왜곡 보도, 허위 보도 등으로 인한 피해가 날로 늘고 있다. 잘못된 언론 보도로 인해 피해가 발생할 경우 여러 가지 구제 방법을 선택할 수 있다. 먼저 보도를 한 언론과 기자에게 직접 연락을 취해 내용을 바로잡거나 삭제를 요청할 수 있다. 그러나 이런 과정을 거쳐서도 피해가 복구되지 않거나 요구가 받아들여지지 않을 경우, 법적 구제 절차를 밟을 수 있는데 크게 언론중재위원회를 통한 구제와 법원 소송을 통한 구제로 나눠볼 수 있다. 언론 피해를 통한 구제 방법을 살펴봄으로써 언론이 지켜야 할 법규와 절차는 무엇인지 정리해보았다.

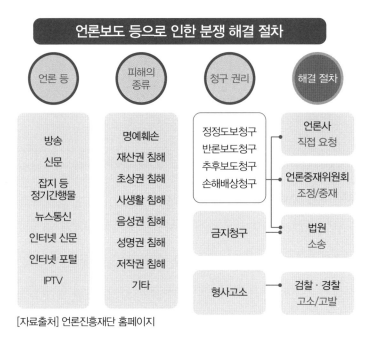

[자료출처] 언론진흥재단 홈페이지

(1) 언론중재위를 통한 구제

언론중재위원회는 언론중재법 제7조에 의해 설립된 준사법적 독립 기구다. 조정과 중재를 통해 방송, 정기간행물, 뉴스통신, 인터넷신문, IPTV 등의 언론 보도로 인한 분쟁을 실효성 있게 구제함으로써 언론의 자유와 국민의 인격권이 조화를 이룰 수 있도록 노력하고 있다.

피해를 입은 개인이나 단체는 조정신청 또는 중재 신청이 가능하다. 조정은 중립적인 조정인(언론중재위원)이 당사자 간 합의를 도와주는 분쟁 해결 방법으로 재판에 비해 신속하고 저렴하며 비공개로 진행된다. 언론중재위원회가 당사자 간의 이해와 화해를 끌어내 분쟁을 해결하는 제도다. 중재는 중립적인 중재인(언론중재위원)의 중재판정으로 분쟁을 최종적으로 해결한다. 중재 신청서와 함께 당사자 간 중재 합의서를 제출해야 하며, 중재판정에 불복하기 어렵다는 점에서 신중히 처리한다.

언론중재위원회에 따르면 이러한 조정 및 중재의 대상이 되는 보도는 총 10가지로 나눠볼 수 있다. △인명이나 지명, 통계 수치 등을 잘못 기록한 보도 △기사 내용과 관련 없는 사진을 보도해 피해를 준 보도 △사실을 그릇되게 과장한 보도 △한쪽의 주장만을 전달한 편파보도 △거짓을 사실인 것처럼 꾸민 허위보도 △필자의 허락을 받지 않고 글을 고쳐 필자의 의도와 다르게 표현된 보도 △전체 사실 중 일부를 부각해 나쁜

인상을 심어준 왜곡·과장보도 △범죄혐의자나 범인으로 보도됐으나 수사 결과에서 혐의가 없는 것으로 밝혀진 경우 △개인의 사회적 평가를 저하하는 명예훼손 보도 △승낙 또는 정당한 이유 없이 이뤄진 개인의 초상이나 음성, 사생활, 성명 보도 등이 있다.

언론중재위원회에서는 언론중재법에서 규정하고 있는 정정보도, 반론보도, 추후보도, 손해배상을 신청할 수 있다. '정정보도 청구'는 언론 보도의 전부 또는 일부가 진실하지 않을 경우에 이를 진실에 맞게 바로잡아달라고 요구하는 권리다. '반론보도 청구'는 언론보도에서 지명됐거나 언급된 사람이 보도 내용에 대해 자신의 입장을 보도해 달라고 요구하는 권리다. '추후보도 청구'는 범죄혐의가 있다고 보도된 이후 무죄판결이나 무혐의 처분 등을 받아 혐의가 없는 것으로 밝혀진 경우, 자신의 결백함을 보도해달라고 요구하는 권리다. '손해배상 청구'는 언론보도로 인해 발생한 피해에 대해 금전적인 배상을 요구하는 권리다.

언론보도 등으로 손해를 입은 개인이나 단체는 언론중재위원회를 통한 피해구제 신청이 가능하다. 보도가 있음을 안 날로부터 3개월 이내, 보도일로부터 6개월 이내에 신청해야 하며, 추후보도의 경우 '사건이 무죄 또는 무혐의로 종결된 사실을 안 날'로부터 3개월 이내에 청구해야 한다. 이러한 조정 및 중재는 서면이나 전자문서, 구술로 신청할 수 있다.

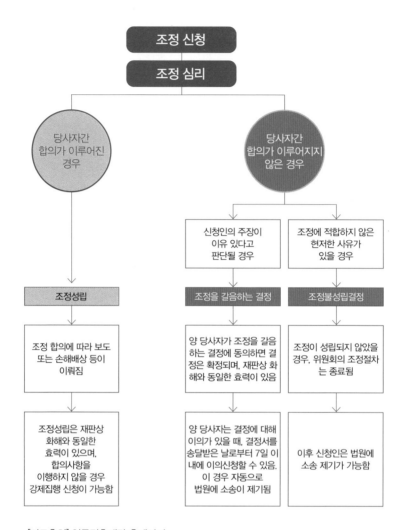

```
                    조정 신청

                    조정 심리


      당사자간                        당사자간
   합의가 이루어진                   합의가 이루어지지
       경우                           않은 경우


                       신청인의 주장이        조정에 적합하지 않은
                         이유 있다고            현저한 사유가
                         판단될 경우             있을 경우


      조정성립          조정을 갈음하는 결정      조정불성립결정


   조정 합의에 따라 보도   양 당사자가 조정을 갈음   조정이 성립되지 않았을
   또는 손해배상 등이     하는 결정에 동의하면 결   경우, 위원회의 조정절차
      이뤄짐           정은 확정되며, 재판상 화   는 종료됨
                      해와 동일한 효력이 있음


   조정성립은 재판상     양 당사자는 결정에 대해
   화해와 동일한        이의가 있을 때, 결정서를   이후 신청인은 법원에
   효력이 있으며,       송달받은 날로부터 7일 이    소송 제기가 가능함
   합의사항을          내에 이의신청할 수 있음.
   이행하지 않을 경우    이 경우 자동으로
   강제집행 신청이 가능함  법원에 소송이 제기됨
```

[자료출처] 언론진흥재단 홈페이지

조정 신청 접수가 이뤄지면 중재부는 조정기일을 지정해 신청인과 피
신청인인 언론사 등에 출석요구서를 보낸다. 조정기일에 신청인과 피신

청인이 참석한 가운데 조정심리가 열린다. 다만 출석요구서를 받고도 신청인이 2회에 걸쳐 출석하지 않으면 조정신청을 취하한 것으로 간주한다. 마찬가지로 피신청인이 2회에 걸쳐 출석하지 않으면 신청인의 신청취지대로 합의한 것으로 간주한다. 당사자가 직접 출석하기 어려운 경우에는 위임장과 조정대리허가신청서를 제출해 중재부의 허가를 받아 대리인을 출석시킬 수 있다.

　조정은 비공개로 진행된다. 조정신청은 접수 후 14일 이내에 원칙적으로 완료된다. 중재부가 조정을 갈음하는 결정(직권조정결정)을 내릴 시 21일 이내에 처리된다. 조정성립은 재판상 화해와 동일한 효력을 갖는다. 조정성립이 된 이후 언론사 등이 합의사항을 이행하지 않으면, 신청인은 법원을 통해 언론사 등이 합의사항을 강제로 이행하게 할 수 있다.

　당사자 간 합의가 이뤄지지 않은 경우나 신청인의 주장이 이유 있다고 판단되는 경우, 중재부는 당사자들의 이익이나 모든 사정을 고려해 직권으로 정정보도, 반론보도, 추후보도, 손해배상 등의 결정을 내릴 수 있다. 이러한 직권조정 결정에 대해 이의신청 없이 양 당사자가 동의함으로써 확정되면 조정성립과 마찬가지로 재판상 화해와 같은 효력이 발생한다.

　다만, 직권조정 결정에 대해서는 양 당사자 모두 결정서를 송달받은 날로부터 7일 이내에 이의신청을 제기할 수 있다. 이의신청이 접수되면 그 결정은 효력을 상실하게 되며, 대신에 법원에 자동으로 소가 제기된 것으로 본다.

당사자 간 합의가 이뤄지지 않는 등 조정에 적합하지 않은 현저한 사유가 있다고 인정될 때는 중재부가 조정절차를 종결하고 조정 불성립 결정을 내릴 수 있으며, 이에 따라 언론중재위원회의 조정절차는 모두 종료된다. 이후 신청인이 별도로 법원에 소송을 제기할 수 있다.

신청인의 주장이 이유 없음으로 명백할 경우, 중재부는 조정신청을 기각할 수 있다. 조정신청이 부적법할 경우, 중재부는 해당 신청에 대해 각하 결정을 내릴 수 있다.

(2) 법원 소송을 통한 구제

법원 소송을 통한 구제 방법도 있다. 언론 보도로 인한 피해가 발생할 경우 법원에 손해배상청구, 정정보도 청구, 반론보도 청구, 추후보도 청구와 관련한 소송 등을 제기할 수 있다. 즉 언론중재법상뿐만 아니라 민법상 불법 행위 조항에 근거해서도 법원에 구제 청구가 가능하다. 또한 언론중재위원회에 조정 신청 후 각하 또는 기각되거나 조정 불성립 결정이 난 경우에도 사법 절차를 밟을 수 있다. 취재 과정에서 발생한 공무원 사칭, 주거침입 및 퇴거불응, 도청 등과 관련해서는 형법이 적용된다.

방송 및 보도 금지와 같은 구제는 법원을 통해서만 가능하다. 개인 인격권 침해가 발행할 경우 민사소송법상 인정되고 있는 약식절차의 하나인 가처분 제도를 이용해 사전 제한이 가능하다. 헌법 제21조 제2항은 "언론, 출판에 대한 허가나 검열은 인정되지 아니한다"며 사전 제한을 금지하고 있지만 인격권을 침해하는 경우에 한해서는 언론보도를 금지하고 있다.

헌법 제10조는 '모든 국민은 인간으로서의 존엄과 가치를 가지며, 행복을 추구할 권리를 가진다'라며 인격권을 보장하고 있다. 여기에는 명예권, 성명권, 초상권 등이 있으며 점차 인정 범위가 넓어지는 추세다. 언론의 자유와 인격권, 두 가치가 충돌할 때는 어느 한쪽이 더욱 중요하다고 할 수 없어 이익형량의 원칙에 따라 판단한다.

- 취재 관련 위법 시 적용되는 법률 조항
〈형법〉

제118조(공무원자격의 사칭) 공무원의 자격을 사칭하여 그 직권을 행사한 자는 3년 이하의 징역 또는 700만원 이하의 벌금에 처한다.

제319조(주거침입, 퇴거불응) ① 사람의 주거, 관리하는 건조물, 선박이나 항공기 또는 점유하는 방실에 침입한 자는 3년 이하의 징역 또는

500만 원 이하의 벌금에 처한다. ② 전항의 장소에서 퇴거요구를 받고 응하지 아니한 자도 전항의 형과 같다.

〈통신비밀보호법〉

제3조(통신 및 대화비밀의 보호) ①누구든지 이 법과 형사소송법 또는 군사법원법의 규정에 의하지 아니하고는 우편물의 검열·전기통신의 감청 또는 통신사실확인자료의 제공을 하거나 공개되지 아니한 타인간의 대화를 녹음 또는 청취하지 못한다.

제14조(타인의 대화비밀 침해금지) ①누구든지 공개되지 아니한 타인간의 대화를 녹음하거나 전자장치 또는 기계적 수단을 이용하여 청취할 수 없다.

제16조(벌칙) ①다음 각 호의 어느 하나에 해당하는 자는 1년 이상 10년 이하의 징역과 5년 이하의 자격정지에 처한다.

1. 제3조의 규정에 위반하여 우편물의 검열 또는 전기통신의 감청을 하거나 공개되지 아니한 타인간의 대화를 녹음 또는 청취한 자

2. 제1호에 따라 알게 된 통신 또는 대화의 내용을 공개하거나 누설한 자

위법성 조각 사유

형식적으로는 범죄 및 불법 행위의 요건을 갖추고 있지만 실질적으로

는 위법이 아니라고 인정할 만한 특별한 사유가 있다는 뜻으로 '위법성 조각 사유'라는 법률적 용어를 사용한다. 형법 제310조는 "제307조 제1항의 행위가 진실한 사실로서 오로지 공공의 이익에 관한 때에는 처벌하지 아니한다"며 위법성 조각 사유를 규정하고 있다.

언론 보도가 상대방의 사회적 평가를 저하하는 내용일지라도 보도물의 성격이 진실성, 공익성 등 타당한 이유가 있을 때 언론사에 책임을 묻지 않는 위법적 조각 사유가 발생한다. 명예훼손이 발생한 보도라고 해서 공공의 이익을 위한 진실을 알린 경우까지 처벌하게 되면 헌법상 표현의 자유와 알 권리가 제약을 받을 수 있기 때문이다. 위법성 조각 사유는 이를 주장하는 쪽에서 입증해야 한다.

이렇듯 언론은 보도 내용이 실제 사실과 부합하는지의 여부인 '진실성'과 공공의 이익과 이해와 관련한 보도인 '공익성'을 갖췄을 때 면책을 받을 수 있다. 보도 내용이 진실이 아니더라도 진실이라고 믿을 수 있는 타당한 이유가 있으면 '상당성'에 따라 책임이 면제된다.

이러한 상당성을 인정받기 위해서는 진실을 뒷받침할 합리적인 자료나 근거가 있어야 한다. 결론적으로 책임감 있는 보도가 언론의 자유를 담보할 것이다.

참고 문헌

논문

- 고영철(2015), 한·미 지역일간지 1면 기사 콘텐츠의 구성방식 비교 분석. 〈언론과학연구〉, 15권 1호, 5-47쪽.

- 김경희(2008), 포털뉴스의 의제설정과 뉴스가치 : 포털뉴스와 인쇄신문의 비교 분석. 〈한국언론학보〉, 52권 3호, 28-52쪽.

- 김민정(2016), 논문 디지털 저널리즘 기반의 인터랙티브 스토리텔링 뉴스의 디자인 변화. 〈한국디자인문화학회지〉, 22권 4호. 11-24쪽.

- 남재일(2008), 한국 객관주의 관행의 문화적 특수성 : 경찰기자 취재관행의 구조적 성격. 〈언론과학연구〉, 8권 3호, 223-270쪽.

- 남재일(2010), 직업이데올로기로서의 한국 언론윤리의 형성과정. 〈한국언론정보학보〉, 통권 50권, 73-93쪽.

- 박동숙·조연하·홍주현(2001), 공적 업무 수행을 위한 사적 친분 고리. 〈한국언론학보〉, 45권 특별호, 367-396쪽.

- 박범영·한효주(2016), 명예훼손에 있어 사실과 의견의 구별론- 서울고등법원 2014. 8. 8. 선고, 2013나38444 판결에 대한 검토 -. 〈법조〉 65권 5호, 300-338쪽.

- 이재원(2010), 고전수사학의 서론에 기댄 신문기사 리드의 유형분류. 〈수사학〉, 제12집, 207-234쪽.

- 이윤희 · 조연하(2017), TV뉴스의 익명 취재원 보도에 대한방송 기자의 인식 연구: 취재원 표기 및 편집 방식, 동기, 효과를 중심으로, 〈한국언론학보〉, 61권 5호, 241-273쪽.

- 이종혁 · 길우영 · 강성민 &최윤정(2013), 다매체 환경에서의 뉴스 가치 판단 기준에 대한 종합적 구조적 접근 '뉴스 가치 구조모델' 도출, 〈한국방송학보〉, 27권 1호, 167-212쪽.

- 전가영(2020), 신문1면과 모바일 프론트페이지의 기사 특성 비교 연구: 뉴욕타임스와 가디언, 조선일보를 중심으로. 〈사회과학연구논총〉, 36권 2호, 319-354쪽.

- 조항제(2001), 한국의 민주화와 미디어 : 정부와 시장 주류 미디어의 관계. 〈한국언론정보학보〉, 통권 16호, 168-206쪽.

- 주동황(1999), 언론인 주식투자와 언론윤리. 〈관훈저널〉, 통권 72호, 210-219쪽.

- Entman, R. M. (2005) The Nature and Sources of News. In G. Overholser and K. H. Jamieson (eds.), The Press. Oxford University Press.

단행본

- 김민환(2003), 『언론문장 연습』, 서울:나남.
- 김선호 · 박대민 · 양정애(2014), 『스마트 미디어 뉴스 생태계의 혁신 전략』, 서울:한국언론진흥재단
- 김창룡(1997), 『실전취재보도론』, 서울:커뮤니케이션북스.
- 남재일 · 박재영(2007), 『한국 기획기사와 미국 피처스토리 비교 분석』, 서울:한국언론진흥재단.
- 마동훈(2013), 『저널리즘 공공성 실현을 위한 한국형 팩트체킹 모델 연구』, 서울:한국언론진흥재단.
- 박성희(2003), 『미디어 인터뷰』, 서울:나남
- 박재영(2020), 『내러티브 기사의 작법과 효과』, 서울:이채
- 배정근(2007), 『저널리즘 글쓰기』, 서울:커뮤니케이션북스.
- 안수찬(2007), 『스트레이트를 넘어 내러티브로』, 서울:한국언론진흥재단.
- 오정국(2013), 『미디어 글쓰기』, 서울:아시아.
- 윤경민(2021), 『데스크노트』, 서울:푸블리우스.
- 이재경 · 송상근(2018), 『기사작성의 기초』, 서울:이화여자대학교출판문화원.
- 정수영(2015), 『사회적 책임을 넘어 미디어 어카운터빌리티로』, 서울:커뮤니케이션북스.
- 정용복(2016), 『대한미디어』, 서울:커뮤니케이션북스.
- 조철래(2015), 『미디어 글쓰기』, 서울:커뮤니케이션북스.

보도기사

- 경향신문. 2022년 10월 6일자. '기렉시트(기레기+탈출)' 탈출구는 공익 · 신뢰(https://www.khan.co.kr/national/media/article/ 20221 0060600015)

- 리포액스. 2019년 12월 23일자. "외국에는 출입기자가 아니라 취재분야만 있을 뿐"… 검찰출입기자단 당장 없애야 (http://repoact.com/bbs/board.php?bo_table=free&wr_id=76)

- 이투데이. 2019년 10월 14일자. 엠바고 어기면 어떤 '불이익' 받을까, 장사 한 번 하고 끝낼 게 아니라면…(https://www.etoday.co.kr/news/view/1808992)

- 한국기자협회. 2010년 8월 18일자. 권력의 주문에 빼고 넣고 키우고 줄여…여론 조작 일상화(http://www.journalist.or.kr/news/article.html?no=24006)

- 한국편집기자협회. 2018년 6월 29일자. '예쁜 옷 입었다' 라고 쓰지 말고 그렇게 느끼도록 이야기 하는 것 (http://www.edit.or.kr/news/articleView.html?idxno=1340)